歴史文化ライブラリー
277

吾妻鏡の謎

奥富敬之

吉川弘文館

目　次

『吾妻鏡』の謎

『吾妻鏡《あずまかがみ》』には実に謎が多い。だれが、いつ、なんのために、どのようにして執筆編纂したのか、それすらも明らかではない。だいたい幕府の公的記録だったのだろうか。

二代将軍頼家

『吾妻鏡』によると、鎌倉幕府の二代将軍頼家《よりいえ》は、きわめて暴虐な主君だったということになる。家督嗣立《かとくしりつ》の直後、五人の側近だけは鎌倉中でなにをしてもよいとし、これに逆らった者は罪科に処すると布告したのは、その一例である。

その五人のうちの四人までは、『吾妻鏡』に名前が記されている。小笠原《おがさわら》弥太郎長経《ながつね》、比企《ひき》三郎、同弥史郎時員《ときかず》、中野《なかの》五郎能成《よしなり》である。「五人」とありながら四人の名前しか記されてないのは、やや不自然である。前後の情況からみると、北条義時《ほうじょうよしとき》の弟時連《ときつら》（のち時房《ときふさ》）ではなかっただろうか。北条一族の者が暴虐な頼家の側近だったことを、『吾妻鏡』は秘しておきたかったのだろう。

また頼家は、安達《あだち》弥九郎景盛《かげもり》に強盗人追捕《ついぶ》という使命を与えて三河《みかわ》国に派遣し、その留守中に景盛の妾女《しょうじょ》を中野能成に命じて拉致させてもいる。直後、景盛が自分を怨んでいるだろうというので、景盛の追伐《ついばつ》を図ったというが、まさに理不尽なまでの暴虐だった。

さらに頼家は蹴鞠《けまり》が大好きで、連日、政務を抛《なげう》って蹴鞠に熱中したという。そのため京都から鞠足《きくそく》の山柄行景《やまがらゆきかげ》や、かつて頼朝が嫌った平 知康《たいらのともやす》までも鎌倉に呼び出している。

とにかく『吾妻鏡』によると、頼家は我儘《わがまま》で暴虐だった。だから妻若狭局《わかさのつぼね》の実家の比企能員《よしかず》一族と、長男一幡《いちまん》の乳母夫の仁田《にった》四郎忠常《ただつね》とが倒されると、頼家を支える者はいなくなった。

頼家は伊豆修禅寺《しゅぜんじ》に送られて、そこで死んだ。そして中野能成など頼家の暴虐の手先だった者は拘禁遠流《おんる》にされ、所領は没収されたと『吾妻鏡』に記されている。

しかし現存する古文書二通によると、事実はまったく逆だった。『吾妻鏡』に拘禁されたとある日と同日付で、能成は北条時政から本領を安堵《あんど》され、さらに本領の信濃《しなの》国志久見《しくみ》郷（栄町志久見）を免税地とされたのである（『鎌倉遺文《かまくらいぶん》』一三七八、一三八一）。
つまり『吾妻鏡』で頼家の暴虐の手先とされていた中野能成は、その実は北条時政の謀略の手先だったのである。
ここまで判ってくると、いわゆる頼家の暴虐ということも、時政の密命を受けた中野能成の仕業だった可能性も出てくる。『吾妻鏡』は北条時房が頼家の側近だったことを秘した上で、とにかく頼家を悪逆の主君としたのである。

三代将軍実朝

三代将軍実朝《さねとも》に対しても『吾妻鏡』は、手厳しい。『吾妻鏡』の筆者は実朝への批判を、下野《しもつけ》国の御家人長沼《ながぬま》五郎宗政《むねまさ》に次のように代弁させている（建暦三・九・二十六条）。

当代（実朝）は歌鞠《うたまり》をもって業となし、武芸は廃《すた》れるに似たり。女性をもって宗《むね》となし、勇士は無きが如し。また没収の地は勲功の族《やから》に宛てられず、多くもって青女《せいじょ》らに賜う。いわゆる榛谷《はんがや》四郎重朝《しげとも》の遺跡《ゆいせき》は五条局《ごじょうのつぼね》に給い、中山《なかやま》四郎重政《しげまさ》の跡をもって下総局《しもうさのつぼね》に賜う。

実朝が武芸を軽視したのは事実で、北条義時、大江広元《おおえひろもと》も、弓馬のこと、思《おぼ》しめし棄てらるべからず

とか（承元三・十一・四条）、

　武芸を事となし、朝庭を警衛せしめ給わば、関東長久の基《もとい》たるべし

などと（承元三・十一・七条）、いく度も諫めている。

　それでも実朝が和歌や蹴鞠などに凝ったり、酒を飲み過ぎて宿酔《ふつかよい》になったりしたことは、『吾妻鏡』の随所に記されている。挙句の果ては宋人陳和卿《ちんなけい》に欺されて、将軍の身でありながら幕府の政務をほったらかしにして渡宋を企て、唐船を造成させたりもしたという。

　しょせん、三代将軍実朝も、幕府の首長にはふさわしくないと、『吾妻鏡』は暗に仄《ほの》めかしたのである。

初代頼朝の評価

　頼家・実朝には手厳しかった『吾妻鏡』も、さすがに頼朝《よりとも》に対しては同様のことはできなかった。とにかく頼朝は、偉大だったのである。

　頼朝と同時代に生きた九条兼実《くじょうかねざね》は、『玉葉《ぎょくよう》』に次のように記している（寿永二・十・七条）。

　凡《およ》そ頼朝のていたるや、威勢厳粛、その性強烈、成敗分明、理非断決。

兼実の弟の僧正慈円《じえん》は、『愚管抄《ぐかんしょう》』に次のように記している。

（頼朝は）イカニモイカニモ末代の将軍ニ有ガタシ。ヌケタル器量ノ人ナリ。

南北朝期の北畠親房《きたばたけちかふさ》も『神皇正統記《じんのうしょうとうき》』に次のように記している。

頼朝、勲功はむかしよりたぐひなき程（中略）、頼朝と云人もなく、（北条）泰時と云ものなからましかば、日本国の人民、いかゞなりなまし。

そして北条泰時は『貞永式目《じょうえいしきもく》』の随所に「右大将家御時之例」「右大将家之例」という語句を挿《さしはさ》んで、自分が作った『貞永式目』の権威付けを図っている。

とにかく頼朝は偉大であり、東国の御家人らにとっては幕府の創設者として、渇仰崇《かつぎょうすう》拝《はい》の的だったのである。

その頼朝に対しては、『吾妻鏡』も手厳しい批判を加えることは、どうにもできることではなかった。そのかわりに『吾妻鏡』は、かなり隠微《いんび》な方法で、頼朝への批判を下している。

石橋山合戦のさい、頼朝は「百発百中」の芸を振るい、「その矢は必らず羽《はぶくら》を飲まずということなし」というほど、強弓だとしているが（治承四・八・二十四条）、のちの狐狩りのさいには、頼朝の矢は命中しなかったのに、頼朝は「御声を発」した。そして頼朝と同時に大須賀《おおすが》四郎胤信《たねのぶ》の郎従篠山丹三《ささやまのたんざ》が放った矢は、見事に命中した。すると篠山丹三は、狐に命中していた自分の矢を抜き、命中しなかった頼朝の矢を狐に突き立てた。翌日、丹三は頼朝に特別に呼び出されて、頼朝の恪勤《かくごん》（近侍《きんじ》）に昇格された。自分に対するゴマすりを、頼朝は喜んで受け入れたということになる（文治五・十一・十七条）。

そして「文筆に携《たずさ》わらずといえども、言語を巧みにする士」である梶原景時《かじわらかげとき》を重用して、薄幸の英雄義経《よしつね》を苛《いじ》めるということになれば、判官《ほうがん》びいきが強まる。これに反比例して〝頼朝憎し〟という気分が昂《たか》まり、ついには頼朝は冷酷無惨だということになっていく。『吾妻鏡』という書は、大事件から些細なことまで、一見、クロニクル風に書かれていながら、その実は、以上のようなきわめて隠微な計算がなされていたのかもしれない。

そして現代、義経には人気があるが、頼朝はさほどではない。このような情況になったのには、『吾妻鏡』に責任の一半があるようである。

いずれにしても『吾妻鏡』は、頼朝、頼家、実朝源氏将軍三代はダメなのだとし、それを『吾妻鏡』を読む者に信じさせようとし、かなりの程度まで成功したのである。

北条得宗家の評価

源氏将軍三代には厳しい評価を下した『吾妻鏡』だが、北条得宗家《とくそうけ》に対してはかなり甘い。

ちなみに「得宗」というのは、北条義時の法名「得宗」に由来している。そして義時は、

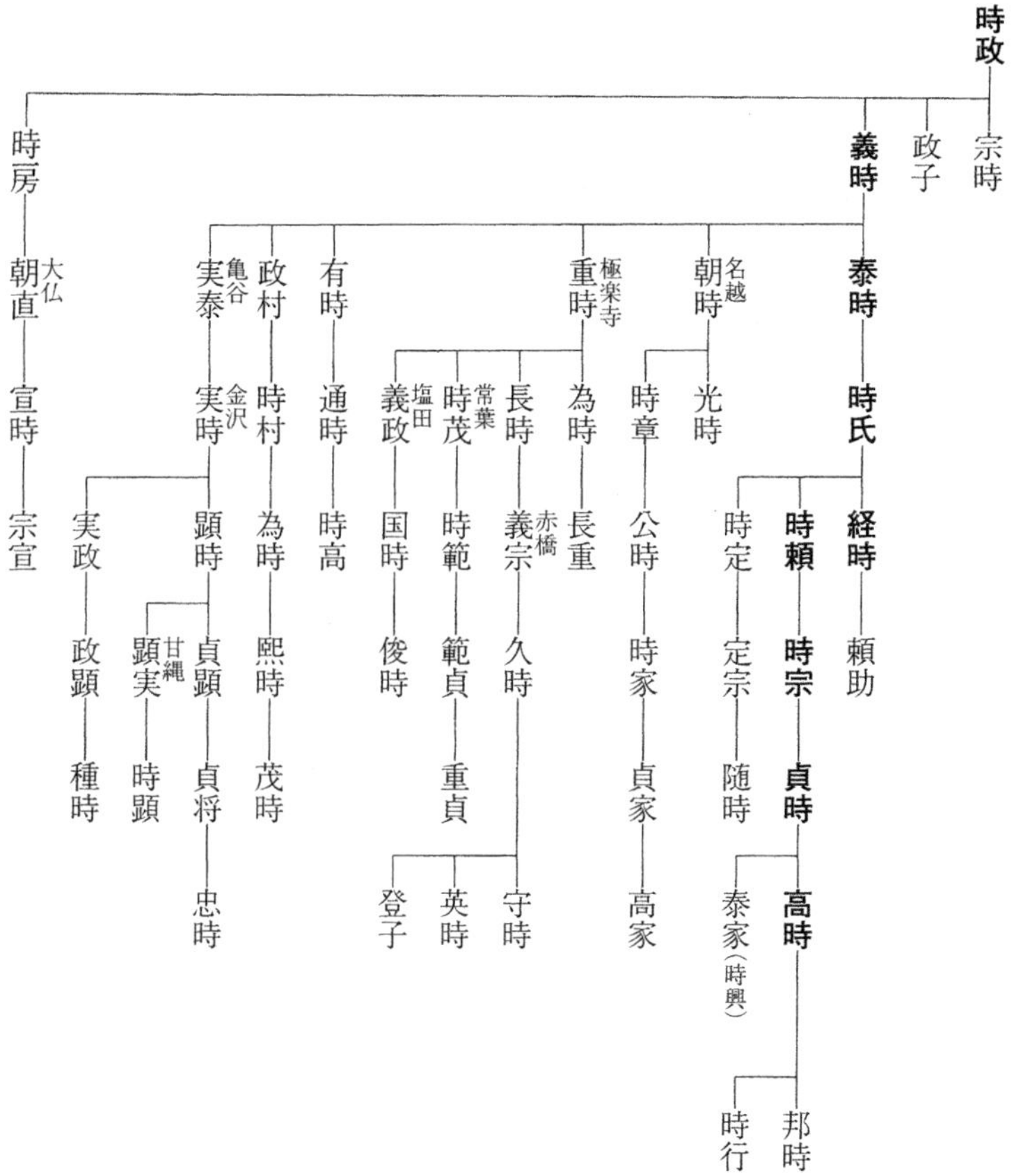
時政
宗時
政子
義時
泰時
時氏
経時
頼助
時頼
時宗
貞時
高時
邦時
時行
泰家（時興）
時定
定宗
随時
名越
朝時
光時
時章
公時
時家
貞家
高家
極楽寺
重時
為時
長重
長時
赤橋
義宗
久時
守時
英時
登子
常葉
時茂
時範
範貞
重貞
塩田
義政
国時
俊時
有時
通時
時高
政村
時村
為時
熙時
茂時
亀谷
実泰
金沢
実時
顕時
貞顕
貞将
忠時
甘縄
顕実
時顕
実政
政顕
種時
時房
大仏
朝直
宣時
宗宣

元仁元年（一二二四）六月十三日の寅ノ刻（午前四時）に落飾《らくしょく》し、同日の辰ノ刻と巳ノ刻との中間（午前九時）に死んでいるから、得宗家というのは、北条泰時《やすとき》以降ということになる。

しかし『梅松論《ばいしょうろん》』には、次のように記されている。

執権の次第は、遠江守《とおとうみ》時政《ときまさ》、義時、泰時、時氏《ときうじ》、経時《つねとき》、時頼《ときより》、時宗《ときむね》、貞時《さだとき》、高時《たかとき》、以上九代（中略）、家督を徳宗と号す。

「執権の次第は」とはあるものの、実際には執権にはならなかった時氏を挙げ、実際に執権になった長時《ながとき》、時村《ときむら》、師時《もろとき》、宗宣《むねのぶ》、煕時《もりとき》、基時《もととき》、貞顕《さだあき》、守時《もりとき》が挙げられてないから、この「執権の次第」という文句は、〝北条氏本宗家の家督〟、つまり得宗を意味していると解される。また『北条九代記』という書もあるから、得宗というのは時政から以降、時氏をも含めて高時までの九代を指すとみてよいだろう。

北条時政が頼朝の挙兵創業に深くかかわって大きな功績があったことには、誰にも異論はないだろう。しかし晩年の牧氏《まきし》事件で、その経歴に汚点が付いてしまった。本宗家が時政を初代としなかったのは、そのためだろう。

かわって本宗家が初代としたのは、義時だった。その法名に由来して得宗家と称したことに、それが現われている。そして義時は得宗家の初代と仰がれるに足る人物だった。和《わ》田合戦《だかっせん》・承久《じょうきゅう》の乱《らん》を無事に勝ち抜いて、幕府の安泰を守り抜いたのである。

義時の跡を継いだ泰時こそは、北条氏が他に誇り得る人物だった。貞永式目《じょうえいしきもく》による法《ほう》治《ち》主義と評定衆《ひょうじょうしゅう》による合議制《ごうぎせい》とを幕府政治に導入して御家人《ごけにん》の権益を守り、撫民《ぶみん》を標榜する執権政治を確立したのである。

次の経時は若くして死んだから、とくに注目するほどの業績はなかった。しかし四代将軍九条頼経《くじょうよりつね》を将軍の座から引きずり降ろしたことは、やはり幕府を守ったということだった。九条頼経は、次のような人物だったからである。

> （頼経は）関東（幕府）の鬼門の方角（東北）に当りて五大明王院《ごだいみょうおういん》を建立せられ、有《う》験《げん》知法《ちほう》の高僧および陰陽道《おんみょうどう》の類《たぐい》を賞翫《しょうがん》し、また譜代《ふだい》の勇士らを愛したまうと云々。衆人の察するところ、ただ世を濫《みだ》るるの基《もとい》なり。（宝治元・五・二十八条）

三歳で将軍となった頼経は、成人するに及んで将軍としての自負を強めてゆき、高僧や陰陽師に祈禱させたり、武士を配下に集めて、北条氏打倒をはかったのである。

そして次の時頼は前将軍九条頼経を京都に追却し、大族三浦氏を倒し、引付衆《ひきつけしゅう》を新設して執権政治を前進させ、さらに後嵯峨《ごさが》天皇の御子宗尊《むねたか》親王を六代将軍に迎えて天皇家と

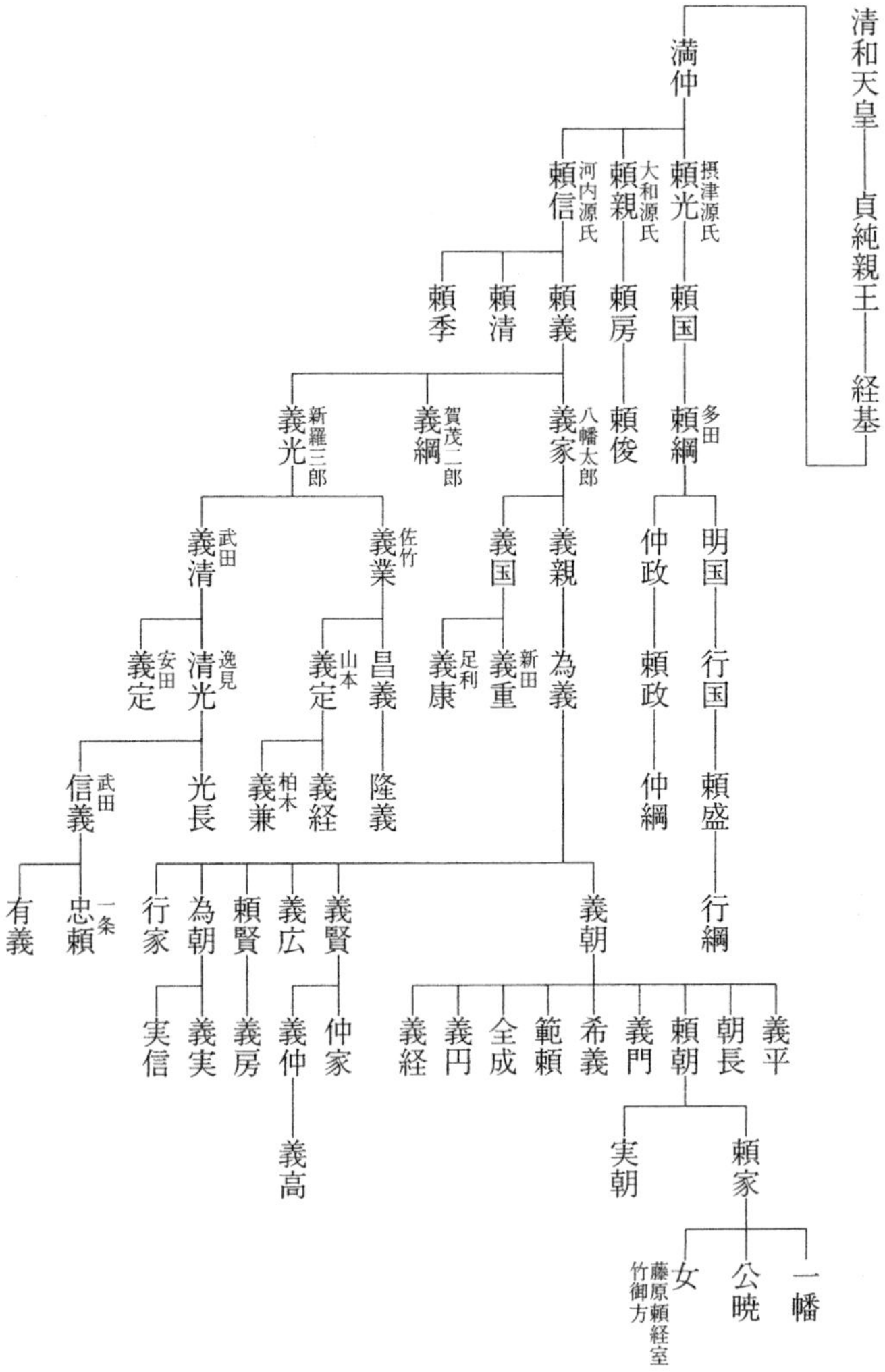
清和天皇
貞純親王
経基
満仲
摂津源氏
頼光
大和源氏
頼親
河内源氏
頼信
頼国
頼房
頼義
頼清
頼季
多田
頼綱
頼俊
八幡太郎
義家
賀茂二郎
義綱
新羅三郎
義光
明国
仲政
義親
義国
佐竹
義業
武田
義清
行国
頼政
為義
新田
義重
足利
義康
昌義
山本
義定
逸見
清光
安田
義定
頼盛
仲綱
隆義
義経
柏木
義兼
光長
武田
信義
行綱
義朝
義賢
義広
頼賢
為朝
行家
一条
忠頼
有義
義平
朝長
頼朝
義門
希義
範頼
全成
義円
義経
仲家
義仲
義房
義実
実信
義高
頼家
実朝
一幡
公暁
女
藤原頼経室
竹御方

の関係を強化し、幕府を磐石《ばんじゃく》の安泰に置いている。

時宗については、『吾妻鏡』は多くを語らない。しかし十一歳で諸人が苦手《にがて》としていた小笠懸《こかさがけ》を将軍の面前で演じ、見事に的に蟇目《ひきめ》の矢を命中させて将来を期待させている。

源氏将軍と北条得宗家の評価の違い

以上のように源氏将軍家三代と北条得宗家六代とを、『吾妻鏡』がどのように批判あるいは評価したかをみてくると、案外なことに気付く。源氏三代についての書き方と得宗六代についての書き方とでは、微妙な差異がある。

ちなみに星野恒、原勝郎、八代国治、和田英松などの先学は、『吾妻鏡』の執筆編纂が二段階で行なわれたと主張された。源氏三代が書かれた時期とそれ以降が書かれた時期とが違うというのである。

もちろん現代では、この説はほぼ否定されている。先学の説を、私も復活させるつもりはない。しかし同一時期に執筆されたにしても、その筆致には、かなりの差を感ずるのである。

源氏将軍三代に対しては、その欠点・失敗・悪行などを随所で指摘して、『吾妻鏡』を読む者に源氏将軍に対する批判の目を開かせるような書き方をしているのに反し、得宗家歴代の善政・業績などについては、正面きって堂々たる筆致で書かれていて、読む者に得宗家に対する感謝あるいは共感の念を呼びおこそうと図っている。いずれにしても得宗家の歴代は、『吾妻鏡』では一度も非難はされてはいない。

ちなみに『吾妻鏡』は、はるか後世の研究者に史料を提供しようとして書かれたものではない。鎌倉末期幕府政権の中核にあった者が、鎌倉末期の御家人たちに読ませようとして書いたものだと思われる。

『吾妻鏡』が主張したかったこと

このことを念頭に置いて先述の源氏三代の批判と得宗家の善政の高らかな強調ということをみると、おのずと『吾妻鏡』が主張したかったことが見えてくるようである。私が代弁して要訳すると、次のようであろう。

〝我が北条氏得宗家は、源氏が樹立した幕府を、自分の野心で乗っ取ったのではない。世のため人のため、独裁と秕政《ひせい》の源氏三代にかわって、止むを得ず乗り出してきて、法治主義と合議制とを二本柱とする執権政治を確立して、きみたち御家人の気持ちを汲み上げてきたのだ。〟

つまり『吾妻鏡』は、北条氏得宗家の幕政での実権掌握を正当化するための弁解状だったのである。

このような私の理解によれば、『吾妻鏡』にまつわる謎のいくつかについて、若干の手掛かりが得られそうである。執筆者については、当然のことながら、北条得宗家の側の人ということになる。

執筆者は誰か

ちなみに『吾妻鏡』では、一般の御家人たちには敬語を付けられてはいない。ところが北条一族、とくに得宗家の人々には、それなりの敬語が付けられている。時政は「北条殿」、義時は「江間《えま》殿」、泰時は「金剛《こんごう》殿」「江間太郎殿」であり、また「時政主」、義時の「四郎主」である。得宗家以外では、義経の「源九郎主」「義経主」があるばかりである。また『吾妻鏡』は、亜相《あしょう》、黄門《こうもん》、武衛《ぶえい》など、唐名《とうみょう》を繁用している。しかし京都の公家の亜相、黄門、頼朝の武衛のほかで唐名で呼ばれているのは、頼家の羽林《うりん》、義経の廷尉《ていい》、行家《ゆきいえ》の侍中《じちゅう》、大江広元の大官令《たいかんれい》などだけだが、得宗家では義時の右京兆《うきょうちょう》、泰時と時氏の匠作《しょうさく》、時頼の左親衛《さしんえい》、時宗の典厩《てんきゅう》などが目に付く。

得宗家の歴代に敬語が付けられたり唐名で呼ばれたりしていることでも、得宗家は『吾妻鏡』で特別扱いされていることが看取される。このような点からも、『吾妻鏡』は得宗家を本宗とみる北条庶家か、得宗家を主君と仰ぐ得宗被官《とくそうひかん》かが執筆したものといえよう。

なお『吾妻鏡』では、鶴岡《つるがおか》の「岡」という文字について、「岡」「丘」「崗」の三様の文字が用いられている。また大庭景能《おおばかげよし》については、「大庭」と「懐島《ふところじま》」の両様が併用され、さらに「景能」と書いたり、「景義」と書いたりしている。横大路を「横町」と書いた例もある（貞応二・九・五条）。このような例は、ほかにもきわめて多い。

書写のさいに書き違えるということがあったのかもしれないが、もともと『吾妻鏡』の執筆者のうちには、鶴岡と書くときに「岡」を用いる人、「丘」とする癖のある人、さらに「崗」と書くことにしている人など、三様の人があったのかもしれない。同様に「景能」と書く人と、「景義」とする人とがあった可能性がある。

このようなことを考えると、『吾妻鏡』の執筆者は、一人ではなく複数あったと思われる。当然のことながら得宗被官たちがもっとも妥当する。

諏訪氏と金沢流北条氏

これだけの文章が書けるものといえば、まずは得宗被官の雄である諏訪《すわ》氏が挙げられよう。また得宗家が発した文書のうち、文永・弘安期から以降、とくに「沙弥《しゃみ》」とか「散位《さんみ》」、あるいは僧名を名乗る者の奉書《ほうしょ》が目立っている。これら得宗家公文所《くもんじょ》の所司たちも、充分に条件に叶っているといえよう。

複数の人々が寄り合って『吾妻鏡』を執筆編纂したとすれば、これまた当然のことながら、全体を統括する責任者も必要だったであろう。まさに私の勘でしかないが、北条氏の一門であり、官職名を唐名で表示するようなペダンチックな特性から、この任にあたったのは金沢流北条貞顕《さだあき》ではないだろうか。考えてみると金沢流北条氏に関する記事が、『吾妻鏡』に他の北条一門の記事よりも多いようである。

文永三年で終わっている理由

以上のような私の理解によれば、『吾妻鏡』の記事が幕府滅亡ではなく、文永三年（一二六六）で終わっていることも、説明できるように思われる。

私の理解によれば、得宗政治は法治主義と合議制とに基づく善政でなければならない。そうでなければ、源氏三代にかわって得宗家が政務をとるようになったことの利点が、説明できないからである。

ところが歴史の現実は大きく変化していた。文永・弘安の頃の平頼綱《たいらのよりつな》から始まって、やがて長崎円喜《ながさきえんき》に続く内管領《ないかんれい》中心の政治形態が、幕府に現出してきたのである。得宗政治の変質というより、一部には御内人専制《みうちにんせんせい》と呼ぶ向きもある。

密偵、拷問、賄賂、不正裁判、恐怖政治などなど、幕閣に腐敗堕落が満ちてきたのである。北条宗方《むねかた》が同時村《ときむら》を討って、直後に北条貞時《さだとき》に討ち取られるというような事件や、北条高時《たかとき》が長崎円喜の暗殺を企てて失敗するなどのこともあった。

こうなってくると、〝世のため人のため、源氏三代にかわって、善政を布《し》こうとしたのだ〟という得宗家の弁解も、もはや世間に通用しなくなっていた。そこで『吾妻鏡』は文永三年で筆を止めたのだと、私は考えている。

なお先述したように、『吾妻鏡』の執筆者は複数だったと私は考えている。当然のことながら、それぞれの人にはそれぞれ執筆の目的あるいは思惑がそれなりにあったはずである。主要な御家人衆の成立情況の再確認を目的としたもの、朝廷と幕府との関係を考えようとしたもの、武都鎌倉の発展の様子の誇示を図ったもの、などなどが考えられる。

そのような多くの執筆目的ないし思惑のうちの一つが、私の理解である。しかし私の理解は、そのうちの主要なものだったと信じている。

頼朝挙兵

挙兵前後の齟齬

朝駈けのはずが夜討ち

治承四年（一一八〇）八月六日、挙兵決行の日時が決まった。来たる十七日の寅ノ刻《こく》（午前四時）から卯《う》ノ刻（午前六時）。つまり朝駈《あさが》けである。当然のことながら、すぐに三浦義明《みうらよしあき》の許《もと》に、そのことが知らされたはずである。ところが決行予定の前日である十六日になっても、佐々木兄弟四人（定綱、経高、盛綱、高綱）も到着しなかった。『吾妻鏡《あずまかがみ》』に「いよ〳〵人数なし」とあるのは、恃《たの》みにしていた三浦軍も、まだ到着していないという含みがあったのだろう。

三浦軍の到着が遅れたのは、十五・十六両日の風雨の故だったのだろう。三浦軍は海路、相模灘《さがみなだ》を渡海してくる予定だったらしい。三浦軍遅刻の理由として、同二十日条に「海路を隔てて風波を凌《しの》ぎ」とある。十五・十六両日の風雨は、挙兵前後の齟齬《そご》の最初だった。

いずれにしても十七日早朝の朝駈けは、取り止めとなった。しかし十八日に延期することは、その日が頼朝の守護仏の聖観音供養《しょうかんのんくよう》の日にあたっているからできない。さらに十九日に延期すれば、挙兵計画が平家側に露顕してしまう危険があった。

こうして挙兵は、十七日の夜討ちに決まった。そして佐々木兄弟四人も洪水を乗り越えて到着したので、予定通りに挙兵を敢行。首尾よく伊豆国目代《もくだい》の山木《やまき》判官兼隆《かねたか》の首を挙げた。

友軍を拒んだ洪水

しかし二十三日の夜の甚雨《じんう》は齟齬の二回目だった。丸子《まりこ》川の対岸にまで三浦軍が到着していたのに、洪水のため頼朝軍三百騎は三浦軍と合流できなかったのである。平家側大庭景親《おおばかげちか》勢三千騎と伊東祐親《いとうすけちか》勢三百騎とに挟撃されて、石橋山《いしばしやま》合戦では頼朝軍は散々に打ち破られた。

以降の数日、頼朝たちは杉山、箱根と逃げ廻った。そして同二十七日、北条時政《ときまさ》、同義時《よしとき》、岡崎義実《よしざね》、近藤国平《こんどうくにひら》らは、相模国土肥《どひ》郷岩浦《いわうら》（真鶴《まなづる》町岩《いわ》）から船出し、衣笠《きぬがさ》城を攻め陥された三浦軍と海上で合流して安房《あわ》国を目指した。

翌二十八日、頼朝は土肥実平《さねひら》を伴って真鶴崎で乗船し、海路、安房《あわ》国を目指した。そして同二十九日、安房国平北部《へいほく》猟島《りょうしま》（鋸南町《きょなん》龍島《りゅうしま》）に上陸すると、北条時政一行と三浦軍とが迎えに出ている。

この間を振り返ってみると、頼朝たちの予定になかったことが、再三、起こっていた。十五・十六両日の風雨で三浦軍が相模灘を渡海できなかったこと、同じく甚雨による丸子川の洪水のため頼朝軍と三浦軍とが合流できなかったこと、そして二十七日に三浦軍の本拠だった衣笠城が攻め陥されたことなどである。これら予定になかった齟齬が相次いだにもかかわらず、頼朝一行、北条時政一行、そして三浦軍の三群が、安房国猟島という狭少の一地点でついに合流したのである。ある意味では、奇跡としかいいようがない。

なお挙兵前の同年六月二十七日、頼朝と三浦義澄《よしずみ》とが、終日閑談している。ともに慎重で計画癖のある二人の閑談である。このとき二人はさぞかし念入りに計画を練ったのではないだろうか。一案に齟齬があったら第二案へ、それにも齟齬が生じたら第三案へ、それも駄目だったら第四案へと、いくつもの可能性が論じられたと想像される。

いずれにしても、最終的には猟島での合流ということになったのであろう。猟島は三浦一族の安西景益《あんざいかげます》の所領だったらしい。とにかく頼朝は、二案どころか三案、四案まで考えた上で、挙兵したのである。

石橋山合戦

海と陸

「海の平家、陸《おか》の源氏」という語がある。西国が基盤の平家は海、つまり船に慣れており、東国の源氏は陸、つまり騎馬に秀でているというのである。しかしこれは事実だったであろうか。壇《だん》ノ浦《うら》海戦で勝ったのが源氏だったということだけでも、「海の平家、陸の源氏」という語に疑問を持つに充分である。

石橋山《いしばしやま》合戦で源氏方と平家側とに分かれて戦った相模武士の所領を調べてみると、次のようだった。

源氏方

土肥実平《どひさねひら》―土肥郷（湯河原町《ゆがわら》）

土屋宗遠《つちやむねとお》—土屋郷（平塚《ひらつか》市土屋）
岡崎義実—岡崎郷（伊勢原《いせはら》市と平塚市の岡崎）
佐奈田義忠《さなだよしただ》—佐奈田郷（平塚市真田）
懐島景義《ふところじまかげよし》—懐島郷（茅ケ崎《ちがさき》市円蔵《えんぞう》）
豊田景俊《とよだかげとし》—豊田荘（平塚市豊田）
中村景平—中村荘（中井町）
平佐古為重《ひらさこためしげ》—平作（横須賀《よこすか》市平作《ひらさく》）

このほかに三浦一族があるが、ほぼすべてが海岸近くに所領があった。

平家側

大庭景親—大庭御厨《みくりや》（藤沢市大庭）
俣野景久《またのかげひさ》—俣野郷（横浜市戸塚区俣野町）
長尾為宗《ながおためむね》—長尾郷（横浜市戸塚区長尾台）
河村義秀《かわむらよしひで》—河村郷（山北《やまきた》町川村）
渋谷重国《しぶやしげくに》—渋谷荘（藤沢市長後《ちょうご》）
糟谷盛久《かすやもりひさ》—糟谷荘（伊勢原市上粕屋《かみかすや》、下糟屋）

海老名季貞《えびなすえさだ》―海老名郷（海老名市）
曾我助信《そがすけのぶ》―曾我荘（大井町と小田原市の曾我）
山内 経俊《やまのうちつねとし》―山内荘（鎌倉市山内）
毛利景行《もうりかげゆき》―毛利荘（厚木《あつぎ》市毛利台）

これはまた、ほぼすべてが相模国の内陸に所領があった。

このようにみてくると、少なくとも石橋山合戦では、〝海の源氏、陸の平家〟ということになる。

ちなみに石橋山合戦に破れた頼朝たちは、海路、安房国に向かった。当時のことだから、海岸線に沿って渡航したはずである。陸上にいた平家勢からも見えたかもしれない。しかし平家勢は、海路、頼朝たちを追撃するということはなかった。ほぼ同じ頃、三浦一族は衣笠城から脱出して、同じく海路、安房国に向かっていた。これまた平家勢に、追撃されるということはなかった。

そして文治元年（一一八五）三月二十四日の壇ノ浦海戦では、紀伊《きい》国の熊野《くまの》水軍、伊予《いよ》国の河野《こうの》水軍が、源氏方だった。源氏軍の先陣は三浦水軍だった。

「陸の源氏、海の平家」という俗語は、もはや明らかに間違いだとしなければならない。

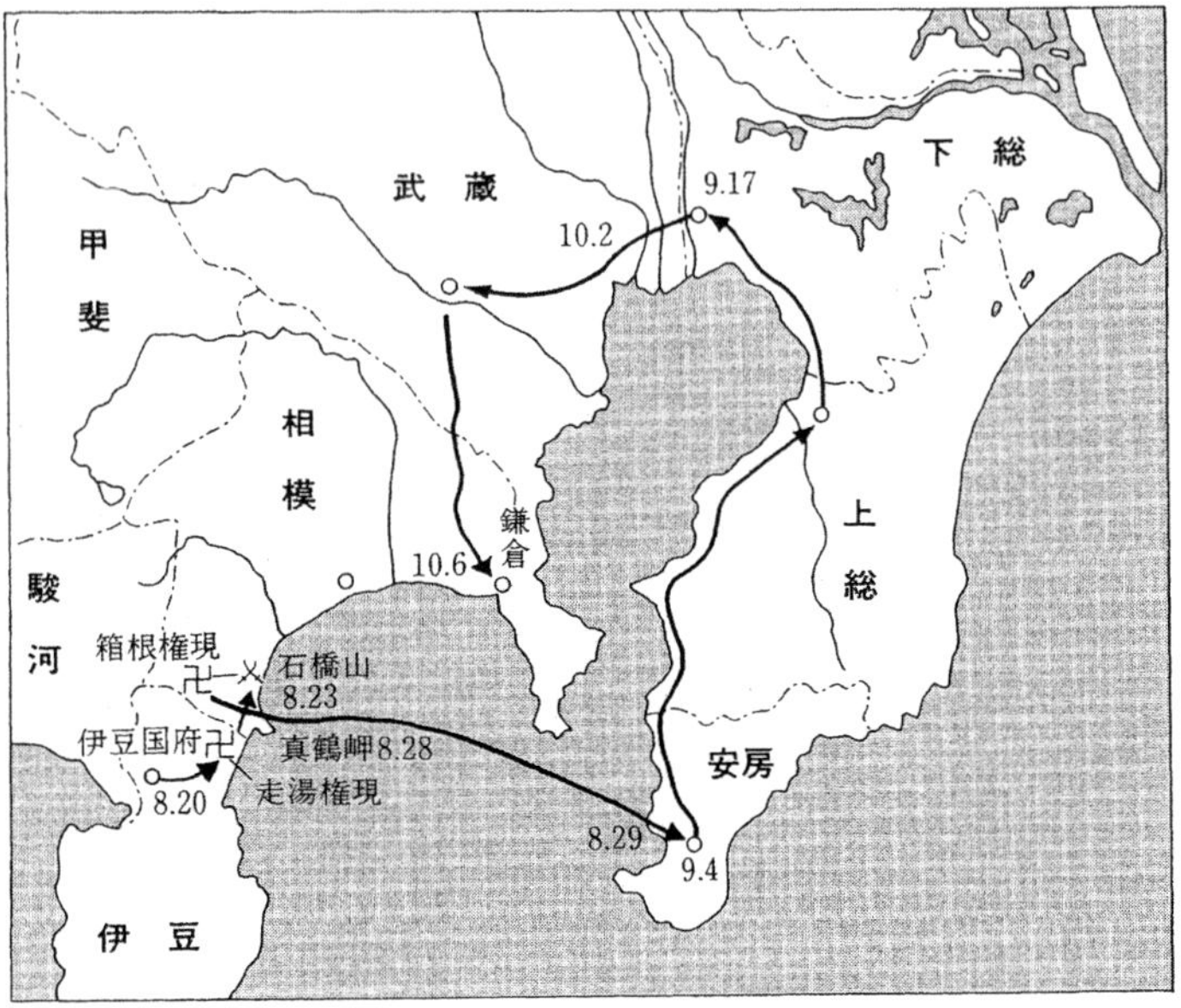

頼朝軍の進路（挙兵～鎌倉入り，上杉和彦『源平の争乱』より）

目代退治

石橋山合戦に敗れた頼朝が、安房国に逃れて三浦軍を率いて房総半島西岸側を北上すると、日本史上で唯一と思われる奇跡が起こった。千葉介常胤《ちばのすけつねたね》、上総介広常《かずさのすけひろつね》など多くの房総の武士が兵を率いて頼朝軍に加わってきたのである。

ちなみに合戦に敗れると、麾下《きか》の兵が四散してしまうのが通例である。それなのに石橋山合戦の敗将である頼朝の麾下に、続々と房総武士が身を投じてきたのである。まさに奇跡だった。

なお、千葉介常胤は、頼朝軍に

参陣する前に、下総国《しもうさ》の目代《もくだい》（紀季経か）を倒していた。また甲斐《かい》源氏武田党は、甲斐国ならぬ駿河《するが》国の目代橘遠茂《たちばなのとおもち》を倒していた。ともに頼朝が挙兵の最初に、伊豆国目代の山木兼隆を倒したということを知って、蹶起《けっき》したのだった。ちなみに目代というのは、国司の代官ということだが、現地では京都から現地に送り込まれた徴税吏とみられていた。挙兵にさいして頼朝は〝源家の再興のため〟とはしなかった。そして伊豆国の目代を最初の敵として倒した。

　このことが東国武士の共感を呼んだのである。〝頼朝も自分たちと同様、徴税吏として我々に厳しい目代が嫌いなんだ。それならば、頼朝に加担しようではないか〟。このような感情が湧き起こったので、東国武士たちは続々と頼朝軍に参加してきたのである。源平合戦の第一幕は、目代退治ということになったのである。

　なお『玉葉《ぎょくよう》』の養和元年（一一八一）七月二十一日条に、「播磨《はりま》国、また国司を背く者ありと云々。およそ外畿諸国、みなもってかくの如し」とあり、建久八年（一一九七）六月付「日向《ひゅうが》国図田帳《ずでんちょう》写」に、「去元暦年中（一一八四）の比《ころ》、武士乱逆の間、譜代《ふだい》の国の文書においては、散々に取り失いおわんぬ」とあり、建久八年六月付「薩摩《さつま》国岡田帳写」に、「岡田注文、去んぬる文治年中（一一八五年〜八九）の比、豊後《ぶんご》冠者《かじゃ》の謀叛《むほん》により、かの乱逆の間、引き失なわれおわんぬ」とあるのも、いわば目代退治だったかもしれない。いわゆる源平合戦には、このような側面もあったのである。いわば苛税《かぜい》に対する反抗で、そのような反抗をした者たちが結集したのが、鎌倉幕府だったとみることもできよう。

富士川合戦

『吾妻鏡』の記す富士川合戦

頼朝軍が安房国を出立するのに先んじて、北条時政・義時父子は、甲斐国に向かった。甲斐源氏武田一族への使者だった。

一方、武田一族は、石橋山敗戦を知り、頼朝軍救援のため駿河国に出陣しようとしたが、信濃国に平家側の者があるというので、まず信濃国に向かい、伊那《いな》郡大田切郷《おおたぎり》（駒ケ根《こまがね》市赤穂《あかほ》）の菅冠者《すがのかじゃ》を倒していた。そして九月十五日、信濃国を平定した武田軍は、甲斐国逸見《へみ》山（須玉《すだま》町若神子《わかみこ》）に凱旋《がいせん》した。その日、北条時政・義時父子が逸見山で武田軍と合流し、頼朝の軍勢催促の命を伝えた。

九月二十四日、武田軍が石禾御厨《いさわのみくりや》（石和町）に来宿すると、その夜の子《ね》ノ刻（午前零時）、頼朝の使者土屋三郎宗遠が馳せ着いて、「上野《こうずけ》・下野《しもつけ》・武蔵《むさし》の国々の精兵を相具し、駿河国にいたって平氏の発向《はっこう》を相待つべし。北条殿（時政）をもって先達《せんだつ》となし、黄瀬河《きせ》（沼津市大岡字木瀬川）の辺に来たり向かわるべし」と、頼朝の下知《げち》を武田軍に伝えた。

頼朝の下知に従った武田軍は、十月十三日、駿河国に進攻して、大石駅《おおいし》（富士宮《ふじのみや》市大石寺）に止宿しようとしたが、駿河国目代の橘遠茂、長田忠致《おさだただむね》らの平家勢が襲来すると知って、迎撃のため富士山北麓の若彦路《わかひこ》（石和町—富士西麓—大石寺）に向かった。

翌十四日、武田軍は神野《かみの》（富士宮市白糸）、春田《はるた》（富士宮市原田）を経て、鉢田《はしだ》（波志太《はしだ》、愛鷹山《あしたかやま》）に着いた。ここで橘遠茂が率いる平家勢と衝突して戦い、遠茂を生け捕り長田忠致の子二人を梟首《きょうしゅ》した。そして十月十八日、頼朝軍と武田軍とが黄瀬河で合流し、東海道を下向《げこう》してきた平　維盛《たいらのこれもり》勢と、来たる二十四日に決戦することに決した。

しかし富士川合戦が戦われたのは、十月二十日だった。その夜、武田信義《のぶよし》軍が渡河して平家勢の背後を衝《つ》こうとしたら、富士川の水鳥が群れ立った。その羽音は、平家側には源氏軍の夜討ちと感じられた。上総介忠清の意見に従って、平家勢は京都に向かって退却して行った。源氏方で追撃戦を敢行したのは、わずかに飯田《いいだ》五郎家義《いえよし》らだけだった。

ちなみに頼朝は、このとき賀島《かじま》（富士市加島）にいた。富士川合戦の戦場とは、やや離れている。

翌二十一日、頼朝は黄瀬川に戻った。そして甲斐源氏の領袖《りょうしゅう》の安田三郎義定《よしさだ》を遠江《とおとうみ》国守護に任じ、武田太郎信義を駿河国の守護に任じた。

以上が、『吾妻鏡』に記されていることである。これによると武田一族は、きわめて頼朝には従順だったようである。しかし、それは本当だったのだろうか。

富士川合戦の史実

九条兼実《くじょうかねざね》の『玉葉』、中山忠親《なかやまただちか》の『山槐記《さんかいき》』、そして吉田経房《よしだつねふさ》の『吉記《きっき》』など、京都の公卿が書いた日記などには、『吾妻鏡』とは違うことが書かれている。以下に列挙してみる。

㋐　武田一族は自主的に挙兵したのではなかった。だから富士東麓の鉢田合戦もなかった。

『玉葉』には、「かの国（駿河）の目代及び有勢の武勇の輩三千余騎、甲斐の武田城に寄する間、みな悉《ことごと》く伐ち取られおわんぬ」とあり、『吉記』には、「一国（駿河）の勢二千余騎をもって（目代、棟梁《とうりよう》たり）甲州に寄せしむのところ、みな率入《ひきい》る、このの ち路を塞ぎ、樹下巌腹に歩《かち》の兵を隠し置き、みな悉く射取らしむ。異様の下人少々のほか、あえて帰る者なし」とある。

駿河国目代の橘遠茂勢は、『玉葉』では三千余騎、『吉記』では二千余騎で甲斐国に攻め入ったが、武田軍の待ち伏せに遭って全滅したというのである。武田党は攻められたから防戦したのであって、自分から自主的に挙兵したわけではなく、ましてや『吾妻鏡』にあるように、石橋山敗将の頼朝救出のための挙兵などではまったくなかったのである。

㋑『吾妻鏡』、『玉葉』、『山槐記』、『吉記』のすべてで一致するのは、富士川では合戦がなかったということである。

『吾妻鏡』では、水鳥の羽音を源氏軍の夜討ちと平家勢が誤解したのが直接の原因で、根本の原因は東国がみな頼朝方なので、これに包囲されるのを怖れて、侍大将の上総介伊藤忠清らの献策で、平家勢は自主的に戦場を離脱して退却したとある。

『玉葉』では、平家勢四千騎のうち数百騎が源氏方に降伏したので、残余はわずかに一、二千騎になったのに、武田方は四万余騎もの大軍だというので、侍大将の伊藤忠清の献策で、平家勢は自主的に退却したとある。

『山槐記』では、平家勢千余騎に対して源氏方は大軍なので、包囲される危険を感じていたところ、池の鳥の羽音を源氏軍の夜討ちと誤解して、夜営の宿を焼き払って退却したとある。

そして『吉記』では、源氏軍が巨万なので平氏勢は敵対できないから退却と決めたところ、平家側に扈従《こしょう》していた坂東《ばんどう》の輩《ともがら》が手越《てこし》の宿館に放火したので、あわてて平家勢は退却したとある。いずれにしても諸本は、〝富士川合戦〟はなかったとする点で、みな一致している。

しかし源氏軍の主体が誰だったかという点で、『吾妻鏡』は公卿の日記と相違している。『吾妻鏡』は源氏軍の主体は頼朝の軍だったが、とくに武田軍が夜討ちを図ったとし、頼朝は合戦の日を、二十四日と決めていたとある。

これに対して『玉葉』は、武田軍が戦書を持った戦使を事前に平家側に送り、十九日の早暁に合戦を予定したとあり、『吉記』では戦書を送ってきた源氏軍は、「頼朝カ、武田カ」とどちらであるかが、判然とはしていない。いずれにしても、いわゆる富士川合戦では、武田軍の動きがきわめて大きく、ほとんど頼朝の制御統率の下にはなかったことが判る。

そして寿永二年（一一八三）七月三十日、木曾義仲《きそよしなか》が占領していた京都で、武田一族のうちの有力な領袖だった安田三郎義定は、一条より北、東洞院《ひがしのとういん》より東、会坂に至るまでの地の守護を分担していたと、『吉記』に記されている。この時期まで武田軍は、頼朝の指揮下にはなかったのである。当然のことながら、富士川合戦後の論功行賞で、頼朝から武田信義が駿河国守護、安田義定が遠江国守護に任じられたと『吾妻鏡』にあるのは、もちろん真っ赤な嘘ということになる。

墨俣河合戦

養和元年（一一八一）三月十日の墨俣河《すのまたがわ》合戦には、いくつかの判り難いことがある。

「溺死者三百」の謎

このときの源氏軍は、十郎蔵人《くろうど》源《みなもとの》行家《ゆきいえ》と卿公《きょうきみ》義円《ぎえん》（幼名は乙若丸）の二人を将としていた。『吾妻鏡』では、行家が夜討ちを図ったが、これを平《たいらの》重衡《しげひら》の舎人《とねり》金石丸に見抜かれて、行家軍が出陣するより前に重衡軍に先手を打たれて渡河攻撃をかけられて敗北し、義円は討ち取られ源氏軍の多くは溺れて死んだとある。

『玉葉』では、源氏軍が渡河攻撃をかけようとしたのを重衡の舎人金石丸が知り、平家勢は巳ノ刻（午前十時）から申ノ刻（午後四時）まで防ぎ戦い、源氏軍五千余騎のうち千余人までも倒し、渡河して逃れようとした源氏方残兵三百余人ほどが溺死すると、平家勢は河を渡って逃げる源氏軍を追撃したとある。

『吉記』には、源氏軍三千余騎が渡河攻撃したが、平家勢に千余騎を討ち取られ、手傷を負って逃げ帰ろうとした源氏軍三百余人が河で溺死したとある。

『吾妻鏡』では攻められたのは源氏軍だったとあるから、主戦場は墨俣河の東岸だったことになり、敗れた残兵は東方に向けて逃げたはずで、溺死するはずはない。にもかかわらず「河に入りて溺死」した者が多かったとあるから、これは矛盾する。その意味では、源氏軍が渡河攻撃し敗れた残兵が渡河逃走を図って、三百余人が溺死したとする『玉葉』『吉記』の方が正しいことになる。

『吾妻鏡』は、何故、以上のような嘘を書いたのだろうか。

水手・船の動員

ところで、これより前の同年二月七日付で次のような宣旨《せんじ》が伊勢国に出された。

二所太神宮の神戸《かんべ》、御厨《みくりや》、御園《みその》ならびに権門勢家の荘園の島・浦・津などを論ぜず、水手《かこ》雑船《ぞうせん》などを点定し、尾張国墨俣渡に漕送《こぎおく》るべし。

伊勢神宮の所領だろうが権力者の所領だろうが例外なく、伊勢国の水手（船乗り）と船をすべて徴発《ちょうはつ》して、尾張国の墨俣河の渡場に届けよというのである。この院宣《いんぜん》は同二十日に伊勢国の国衙《こくが》に届けられ、その日のうちに国衙から伊勢神宮などに伝達された（『平安遺文』三九五二・三九五三・三九五四）。続いて伊勢神宮領からの水手二九八人と船四五艘とが、墨俣河に向けて出立したと伊勢神宮が報告している（『平安遺文』三九五六）。

この時期の京都で最高の権力者だったのは、もちろん平清盛だった。当然のことながら、この院宣を出させたのも清盛だったと思われる。

正月十四日に高倉《たかくら》上皇が二十一歳で死に、続いて閏《うるう》二月四日に平清盛が死んでいる。死ぬ直前の二月七日に清盛がこの宣旨を出させたのである。もちろん、近々に墨俣河で合戦が生ずるということを、清盛は予見した上で打った手だった。

この船が墨俣河合戦で、どのように使われたのか、詳しいことは判らない。いずれにしても事前に船を用意していたということは、渡河攻撃をかけたのは平家側だったということを暗示している。

いったい墨俣河合戦は、どのように行なわれたのだろうか。合戦は三月十日だったから、〝死せん平清盛、生ける行家軍を奔《はし》らす〟ということになる。

創業者頼朝

頼朝の兄弟たち

悪源太義平

頼朝の長兄鎌倉悪源太義平《あくげんたよしひら》は、平治《へいじ》の乱後に平家に捕らわれて、永暦元年（一一六〇）正月十九日に斬られた。ときに二十歳だったから、生まれたのは永治元年（一一四一）ということになる。生母は『尊卑分脈《そんぴぶんみやく》』と『系図纂要』では「橋本の遊女」とあるが、『続群書類従《ぞくぐんしよるいじゆう》』所収「清和源氏《せいわげんじ》系図」の「三浦大介義明《みうらおおすけよしあき》の女《むすめ》」というのが正しいだろう。

中宮進朝長

次兄中宮大夫進朝長《ちゆうぐうたゆうのしんともなが》は、平治敗戦後、落人《おちうど》となったときに受けた手傷が重かったので、平治元年（一一五九）十二月二十九日、父義朝《よしとも》に斬ってもらって死んだ。十六歳だったから、生まれたのは天養元年（一一四四）だったことになる。

生母については『尊卑分脈』は「修理大夫範兼《しゅりのたいふのりかね》の女、あるいは大膳大夫則兼《たいぜんたいふのりかね》の女」とするが、『吾妻鏡』の治承四年（一一八〇）十月十七日条に次のような文がある。

（波多野《はたの》）義常《よしつね》の姨母《おば》は、中宮大夫進朝長の母儀（典膳《てんぜん》大夫久経（中原）の子なり。）よって父義通は、妹公の好《よし》みにつきて、始めて左典厩《さてんきゅう》（義朝）に候ず。

相模国波多野荘（神奈川県秦野《はだの》市）の領主で、義朝の家令的な重臣だった波多野義通《よしみち》の義妹で、典膳大夫中原久経《なかはらひさつね》の娘が、朝長の生母だったのである。

嫡子頼朝

三男の頼朝は、兄二人が早くに死んだので、事実において源氏の嫡系ということになったが、頼朝が義朝の跡を嗣立《しりつ》して源氏の惣領になれたのはそのためではなかった。これより以前に頼朝は、源氏の惣領の象徴である「源太産衣《げんたうぶぎ》」という鎧《よろい》と「鬚切丸《ひげきりまる》」という太刀とを、父義朝から譲られていたのである。

平治の乱のときに十三歳だったから、生まれたのは久安三年（一一四七）だったことになる。生母は熱田大宮司《あつただいぐうじ》藤原季範《すえのり》の娘で、名古屋市熱田区所在の熱田神宮所蔵の系図では「由良姫」となっている。

いずれにしても頼朝の生母の実家熱田大宮司家は、義平の生母の実家三浦氏や朝長の生母の実家中原氏と比べると、段違いに格上だった。このため頼朝は次代の源氏の惣領に指名されたのだと思われる。

義門

頼朝のすぐの弟である義門《よしかど》については、よく判らない。『尊卑分脈』には、左兵衛尉《さひょうえのじょう》で宮内丞《くないじょう》に任官して、早世だったとあるが、他の源氏系図などには、頼朝と次の希義《まれよし》との間に義門の名を記すだけで、官位などについては触れてもいない。

ちなみに平治の乱の冒頭での政変に成功した信頼・義朝らが、平治元年十二月二十四日、お手盛りで叙位任官を行なっているが、義門が宮内丞に任じられたのがこの日だったとすると、この日までは生きていたことになる。しかし翌日の清盛との合戦に義門の名は見られないから、このときには死んでいたということかもしれない。

なお義門は、頼朝よりは若く、次の希義よりは年長だったらしいから、久安三年（一一四七）から仁平二年（一一五二）までの間の生まれということで、平治の乱が起こったときに生きていたとすれば、七歳から十二歳の間だったことになる。

同母弟希義

その次の弟希義《まれよし》についても判らないことが多い。『尊卑分脈』には「鎌田冠者《かじや》と号す」とあるが、遠江《とおとうみ》国鎌田《かまだ》御厨（磐田《いわた》市鎌田町）、同鎌田郷（静岡市鎌田）という場所、あるいは義朝の一の郎等《ろうどう》だった鎌田正清と、なんらかの関係があったのかもしれない。

希義が平家に生け捕られたことについて、『平治物語』は次のように記している。

当社(熱田神社)大宮司季範の娘の腹の子(中略)。この腹に男女三人の子あり(中略)。今一人の男子は、駿河国かつらと云所に有けるを、母方のおぢ内匠頭朝忠《たくみのかみあさただ》と云者、搦《からめ》とりて平家に奉りしを、名字なくては流さぬならひにて、希義と付られて、土佐《とさ》国きらと云所にながされておはしけれは、きらの冠者とは申けり。

希義の母は熱田大宮司季範の娘とあるから、頼朝とは同父同母の兄弟ということになる。この文でいえば、前記の義門は同母の兄弟ではないことになる。平治の乱の頃に希義がいたという「駿河国かつら」は〝かぬき〟の誤記で、沼津市上・下香貫のことらしい。希義を捕らえて平家に差し出したという「母方のおぢ内匠頭朝忠」は、熱田大宮司季範の子の「内匠頭範忠」のことで、香貫の在地領主工藤朝忠と間違えたものらしい。

名字(実名)がなかったというから、まだ元服前だったのだろう。配流《はいる》された「土佐国きら」は土佐国介良荘《けらのしょう》(高知市介良町)のことで、「きらの冠者」ではなく、『吾妻鏡』、『尊卑分脈』、『続群書類従』所収「清和源氏系図」では「土佐冠者」となっている。

流された年月日を『尊卑分脈』は平治元年とするが、『吾妻鏡』寿永元年(一一八二)九

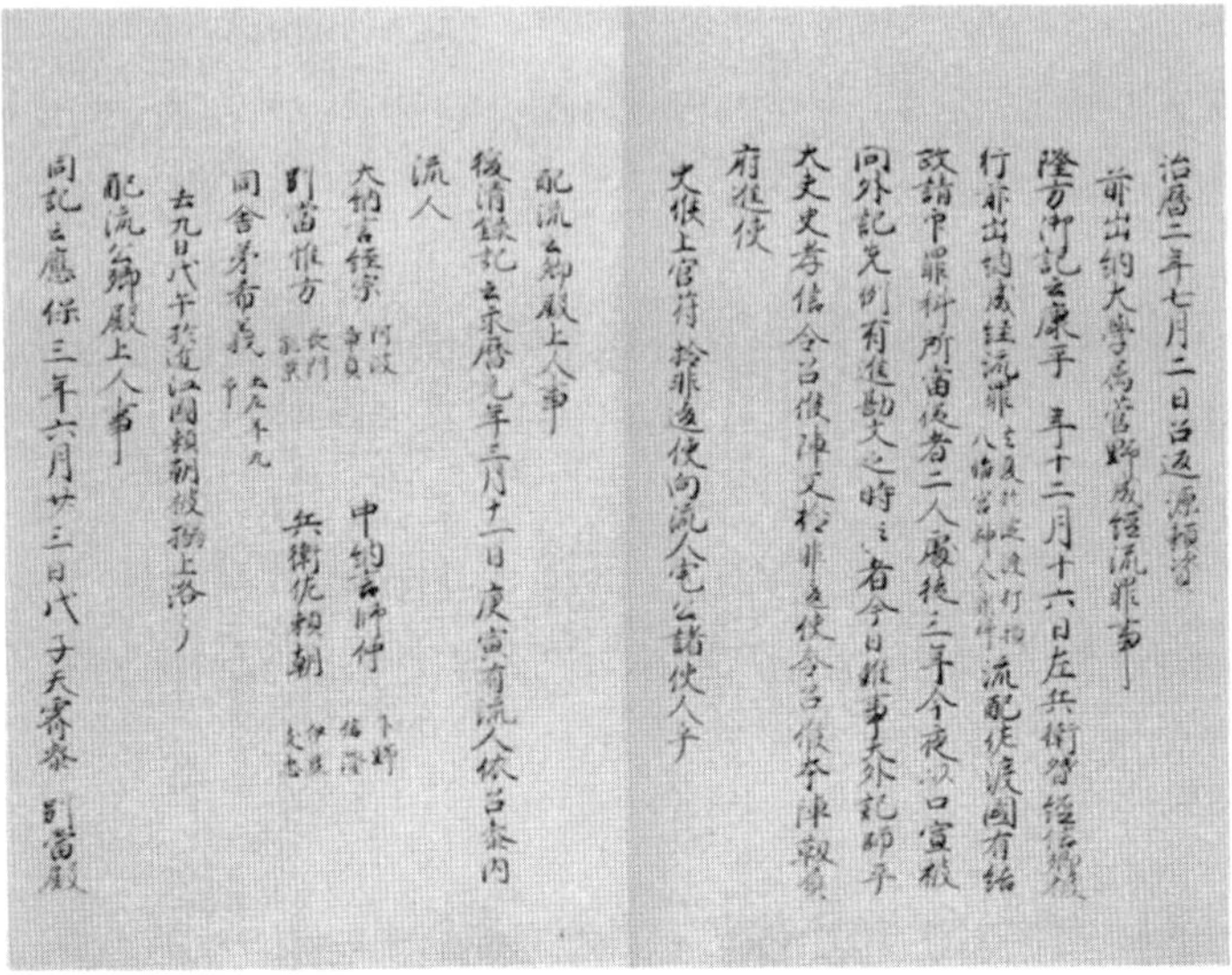
配流公卿殿上人事
後清録記云永暦元年三月十一日庚寅有流人依召奏内
流人
大納言経宗 阿波　中納言師仲 下野
別当惟方 長門　兵衛佐頼朝 伊豆 友忠
同舎弟希義 土左 年十九
去九日戊午於近江国頼朝被搦上洛ノ
配流公卿殿上人事
同記云應保三年六月廿三日戊子天晴参 別当殿

『清獬眼抄』（国立公文書館所蔵）

月二十五日条は、永暦元年（一一六〇）とする。平治元年三月十一日とする『系図纂要』は、平治の乱より以前の月日だから、明らかに間違いである。

『清獬眼抄《せいかいがんしょう》』に、「後静録記にいわく、永暦元年三月十一日庚寅、流人あり（中略）、兵衛佐頼朝（伊豆、友忠）、同舎弟希義（土佐、年九）」とある。頼朝・希義の実の兄弟は、同じ日に東西に引き分けられたのである。しかし兄弟二人の連絡が、断ち切られたわけではなかったらしい。きわめて秘かではあったが、伊豆の頼朝と土佐の希義とは連絡し合っていたらしい。

伊豆では頼朝が、伊東祐親《いとうすけちか》の娘八重との間に、一子千鶴《せんづる》を生み、次に北条時政の娘政子《まさこ》と結婚して大姫《おおひめ》を儲けていた（なお八重は江間小四郎《えまこしろう》に嫁がせられ、千鶴は簀巻《すま》きにされて狩野川で殺されている）。

一方、土佐では希義が、平田郷（宿毛《すくも》市平田町）の平田三郎継遠《つぐとお》の娘との間に希望《まれもち》を生み、次に夜須《やす》荘（夜須町）の夜須七郎行宗《ゆきむね》と結んでいた。

そして伊東祐親と北条時政とは平家から付けられた頼朝の看視人だったらしく、希義の看視人は平田継遠の兄平田太郎俊遠《としとお》と夜須行宗だったらしい。ここまで二人の動きが似ているとは、二人の間に連絡があったことの徴証ではないだろうか。

なお伊豆山権現《いずさんごんげん》の住侶文陽房覚淵《もんようぼうかくえん》は頼朝の仏教上の師であり、同権現の法音尼《ほういんに》は政子の経の師だった。そして土佐国介良荘は伊豆山権現の別当《べっとう》寺だった密厳院《みつごんいん》領で、介良荘にいた僧の琳猷《りんゆう》上人は、伊豆山権現の僧良覚《りょうかく》と親交があった。

つまり伊豆の頼朝と土佐の希義との連絡という役を、伊豆山権現が担っていたと推定できるのである。なお治承六年（一一八二）正月日付「伊豆山神社文書」は、竹内理三《たけうちりぞう》氏は「本書疑フベシ」とされているが、伊豆山権現の五堂燈《ごどうとう》油《ゆ》料船《りょうせん》として頼朝が五〇艘の船を寄進したとある（『平安遺文』三九七四）。もちろん当文書の信憑性は低いが、阿多美《あたみ》荘（熱海市）の伊豆山権現と同権現領介良荘との間に、海上交通がなかったとは思えない。

いずれにしても希義は、源平合戦に参加することはなかった。事前に平家の命を受けた蓮池権守《はすいけごんのかみ》に殺されたのである。なお蓮池権守の実名は、『平治物語』では次郎家光、『尊卑分脈』、『吾妻鏡』、『吉良系図』、『続群書類従』所収「清和源氏系図」などでは家綱、そして『系図纂要』では家継となっている。

また希義の死にざまにも二様の記述がある。古活字本『平治物語』では蓮池権守に強要されて従容として自害したとあり、『吾妻鏡』寿永元年九月二十五日条では危険を察知して夜須荘に向かった途中、年越山《としこしやま》（南国市《なんこく》坂折山《さこおり》）で追い着かれて殺されたとある。なお希義が死んだのは、『吾妻鏡』は寿永元年九月二十五日条に記されているが、『続群書類従』所収「清和源氏系図」は「永万元年（一一六五）、長門国《ながと》において」とある。

以上、いずれも信憑性が低いが、『尊卑分脈』はただ「治承四年」とのみ記し、四部合戦状本『平家物語』と『保暦間記《ほうりやくかんき》』とは治承四年十一月二十八日とする。頼朝との通謀という嫌疑が懸けられたので殺されたというのであれば、治承四年十一月二十八日説が妥当するだろう。

なお希義を助けようとして果たせなかった夜須七郎行宗は、その後鎌倉に下向《げこう》して、この由を頼朝に報告していたらしい。そして寿永元年（一一八二）十一月二十日、行宗を案内人《あない》として、源三位《げんさんみ》頼政の嫡孫《ちゃくそん》伊豆右衛門尉有綱《ありつな》が、希義を誅殺した蓮池家綱、平田俊遠らを倒すために、鎌倉を出撃して行った。まだ平家が畿内近国を制圧していた時期である。有綱・行宗軍は、当然のことながら海路を辿ったものと思われる。そして首尾よく夜須行宗が蓮池家綱を討ち取ったと、『吾妻鏡』建久元年（一一九〇）七月十一日条にある。

高知市介良の走湯山《そうとうさん》密厳院西養寺《さいようじ》に希義の墓がある。文治三年（一一八七）五月八日、頼朝の下知《げち》で、介良荘地頭《じとう》の源民部太夫行景が同寺を建立したのである。

蒲冠者範頼

義朝の六男範頼《のりより》の生母と出生地と名乗りについては、生母は遠江国池田宿（豊田町池田）、出生地は同蒲生御厨、名乗りは蒲生冠者ということで、『尊卑分脈』と『系図纂要』とは一致している。

しかし遠江国には蒲生御厨というものは存在しなかった。『吾妻鏡』と『続群書類従』所収「清和源氏系図」では、範頼は「蒲冠者《かばのかじゃ》」となっており、遠江国には蒲御厨《かばのみくりや》（浜松市大蒲町《おおかば》）があり、さらに『玉葉』元暦元年（一一八四）二月八日条では、範頼は「加羽冠者」と記されている。前記の『尊卑分脈』と『系図纂要』とは、「蒲」を「蒲生」と書き損じたのだろう。

元暦元年九月三日、『玉葉』の筆者九条《くじょう》兼実《かねざね》邸を訪れた木工頭《もくのかみ》藤原範季《のりすえ》は、兼実に次のように語った。

参河《みかわ》国司範頼、件の男幼稚の時、範季、子となして養育す。よって殊に相親しむ。

そして『系図纂要』には、「藤原範季、これを養う」ともある。

果然、範頼は、朝廷公家の木工頭藤原範季に育てられていたのである。そして頼朝の生母由良姫の実父熱田大宮司季範と木工頭範季との血縁関係は系図のようだった。

(藤原)実範 ─┬─ (熱田大宮司)季範 ─┬─ 範忠
　　　　　　│　　　　　　　　　　　└─ 由良姫 ── 頼朝
　　　　　　└─ 季綱 ── 友実 ── 能兼 ── (木工頭)範季

以上のようなことから、次のように推定することも可能である。伊豆の流人だった頼朝は、故生母由良姫の兄熱田大宮司範忠に、異母弟範頼の世話を頼んだ。すでに生まれていたことが世間に知られていた希義の身柄を、範忠は平家に差し出さざるを得なかったが、遊女の子だった範頼は、その存在が平家に知られていなかったらしく、範季に匿まわれて生長したのだろう。

平治の乱後の二〇年間の様子については、太田亮氏が『姓氏家系大辞典』蒲（ガマ・カバ）の項で、次のように記している（以下要訳。浜松市大蒲町の蒲神明《かばしんめい》神社に伝わった伝承らしい)。

生まれた直後、熱田神宮祠官の当麻《たいま》五郎貞稔《さだとし》が乳母夫《めのと》となったが、平治敗戦後、危険を感じた貞稔は、父の蒲神明社の祠官の前勘解由《かげゆの》丞《じよう》季成《すえなり》に範頼を預けたので、範頼は蒲御厨で育つことになった。ほとぼりも冷めた長寛年間(一一六三～六五)の頃、京都の公卿一条《いちじよう》能保《よしやす》室になっていた頼朝の同母姉に招かれて上洛したが、仁安二年(一一六七)、十四歳になった頃に蒲御厨に戻った。

以上の伝承は、かなりの程度まで信憑性がある。

蒲御厨の開発領主蒲氏は清和源氏系で、伊勢神宮内宮禰宜《ないくうねぎ》大中臣氏を領家として立荘《りつしよう》され、開発領主系の源氏流蒲氏は、同御厨の惣検校《そうけんぎよう》となっていた。そして治承四年(一一八〇)十二月十三日付「蒲神明神社文書」では、惣検校は源清成《きよなり》だった(『平安遺文』三九四一)。そして平治の乱後に範頼を匿まった前勘解由丞季成の諱《いみな》にも「成」の文字があるから、季成と清成とは同族だった可能性がある。

また『吾妻鏡』建久四年(一一九三)八月十日条に、とくに範頼が信頼していた家人《けにん》に「当麻太郎」の名があるから、範頼の乳母夫で前勘解由丞季成の子だった当麻五郎貞稔も、伝承上だけの人物ではなく、実在だった可能性はある。

なお範頼の「範」の字から、烏帽子《えぼし》親は熱田大宮司季範かと思われてきたが、彼は久寿二年（一一五五）十一月二日に死んでいるから、烏帽子親は季範ではない。季範の跡を嗣立した後白河院《ごしらかわ》北面《ほくめん》だった熱田大宮司範忠だったかもしれない。また範頼が蒲冠者と名乗っていたことから、範頼が蒲御厨の在地領主職を蒲氏から伝領していた可能性もある。

いずれにしても頼朝の挙兵より以前に、伊豆の頼朝と遠江の範頼との間にすでに連絡があったものと推察される。『吾妻鏡』に範頼が登場する最初は、養和元年（一一八一）閏二月二十三日の野木宮《のぎのみや》合戦のときで、これより以前に義経のときのような感激的な初対面場面（後述）はなかったからである。なお『吾妻鏡』治承五年（養和元年）閏二月の野木宮合戦関係の記事は、いわゆる切り貼りの誤謬《ごびゅう》で、実際には寿永二年（一一八三）八月のことであるが、以上の推論には変わりはない。

阿野全成

義朝の愛妾常盤御前《ときわごぜん》が生んだ三子のうちの長男悪禅師阿野法橋全成《あのほっきょうぜんじょう》は、生涯に四度ほど名を変えている。幼名は今若丸、平治の乱後に平家に捕われて醍醐寺《だいごじ》（京都市伏見《ふしみ》区醍醐《だいご》伽藍《がらん》町）に入れられると、法名が隆超《りゅうちょう》となり、次いで隆《りゅう》起《き》と改名、さらに頼朝に令旨《りょうじ》が下ったと知ると、醍醐寺を脱出して東国に向かったが、このとき法橋全成と名乗っていた。

全成が東国に下着したのは、頼朝が石橋山合戦に敗れて山中を逃げ廻っていたときだった。そして治承四年八月二十三日の敗戦から三日目の同二十六日、全成は山中を逃げ廻っていた定綱・盛綱・高綱の佐々木兄弟と出会い、ともに渋谷重国にかくまわれた。房総半島で勢力を回復した頼朝は、同十月一日、下総国鷺宮《さぎみや》（習志野《ならしの》市鷺宮）で石橋山敗北以来散りぢりになっていた軍兵を糾合していた。このとき全成は初めて頼朝に会った。全成が醍醐寺を脱出して下向したと報告すると、頼朝は泣いて全成の志に感じていた。兄弟の感激的な涙の対面だった。

直後、全成は、幕府の女官阿波局《あわのつぼね》と結婚した。北条政子の妹だったから、全成は二重に頼朝の弟という位置に立ったのである。

そして五年後の文治元年（一一八五）初頭、五歳になった全成の娘が、京都の中堅の公家三条侍従公佐と婚約し、引出物として公佐領駿河《するが》国阿野荘（沼津市井出《いで》）の地頭に任じられて、阿野氏を称することになった。

卿公義円

常盤御前が生んだ三子のうちの次男乙若丸も、平家に生け捕られて僧侶になっていたが、送りこまれた寺院の名は判らない。『群書類従』所収「清和源氏系図」に「横川卿公《よかわのきょうのきみ》」と号したとあるから、比叡山延暦寺の大塔《おおとう》、西塔《さいとう》、横河《よかわ》のうちの横河だったかもしれない。

僧としての名は、最初は円成だったが、のちに義円《ぎえん》と改めている。平家から与えられた名を、嫌ったのかもしれない。かなりの熱血漢だったらしいから、充分に考えられることである。

その熱血振りが、後白河法皇の目にとまったらしい。『尊卑分脈』に、「院中に召されて、八条宮の坊官に祗候《しこう》す」とある。

ちなみに平家追討《ついとう》の令旨を発した以仁王《もちひと》は法皇の子であり、また法皇の義妹の八条院暲子《しようし》内親王の猶子《ゆうし》でもあった。以仁王の令旨を頼朝たち源氏に伝えた源行家は、八条院蔵人になっていた。以仁王の平家追討の陰謀の黒幕は、法皇だったのである。

いずれにしても義円は、行家とは相識の関係にあったと思われる。だから墨俣河《すのまたがわ》合戦では、義円と行家とが行動を共にしていたのだろう。

しかし義円と頼朝との関係は、まったく判らない。前後の情況などから推測すると、義円は頼朝に会ったことはなく、連絡を通じたこともなかった。墨俣河合戦での義円の麾下《きか》にあった兵も、頼朝から差し遣されたものではなく、義円自身が募ったものだったと思われる。延慶本《えんぎようぼん》『平家物語』では、千騎だったとある。

しかし前述したように、頼朝と全成との初対面は涙の感激的なものだったし、後述するが義経との初対面も涙の感激的なものだった。これに反して初対面ではなかったとき、つまり以前より連絡があった場合には涙の感激的場面はなかった。このようなことを考えると、義円との涙の初対面がどこにも記されていないということは、以前から頼朝と義円とは付き合っていたということかもしれない。

養和元年（一一八一）三月十日、義円は墨俣河合戦で討死している。

源九郎義経

頼朝の末弟義経の幼名は牛若丸ということなどは日本中の人が知っている。奥州藤原秀衡《ひでひら》の許にあった義経は、治承四年（一一八〇）十月二十一日、合戦のなかった富士川合戦の翌日、頼朝と初対面を果たしている。まさに劇的なまでに感激的な涙の対面だった。

なお諸国を流浪していた義経は、ときには豪族土豪の領主階級に使用されていた「土民百姓に服仕《ふくじ》され」たりしていた。つまり流浪時代の義経が属していた階級は、領主層の下位の土民百姓の、そのまた下位だった。当然、東国武士たちの行動のありようを知らなかったから、源平合戦では奇抜な戦法をとることができたのだろう。のちの楠木正成《くすのきまさしげ》の悪《あく》党《とう》戦法の先駆だったのである。

後述するように、鎌倉幕府に結集した東国武士たちには、幕府を「一揆《いっき》」、つまり自分たち東国武士の団結のことで、現今の組合のようなものとみる意識があった。

そのなかにあって自分たちと肌の合わない異色の存在を、組合から脱退しようとする者というような意味で、これを「独歩《どっぽ》」と呼んで排除しようという傾向があった。のちの梶《かじ》原景時《わらかげとき》、比企能員《ひきよしかず》、畠山重忠《はたけやましげただ》などがそれである。

そして義経は、土民・百姓にまで服仕されるような社会階層からの成り上がり者だった。頼朝の馬を曳《ひ》くような名誉なことを断ろうとしたなどの義経の言動は、まさに「独歩」だったのである。それをまったく感じなかったところに、義経の悲劇があったのである。

頼朝の落胤

頼朝と正室の北条政子との間には、大姫、頼家、三幡《さんまん》（乙姫）、実朝の二男二女が生まれている。

そのほかに頼朝にはかなり多くの落胤《らくいん》がいたと世上に喧伝《けんでん》されており、少なくとも『尊卑分脈』の編著にあたった洞院《とういん》家の人々は、惟宗《これむね》（島津）忠久《ただひさ》、若狭《わかさ》忠季《ただすえ》、法印貞暁《ほういんじょうぎょう》、法印権大僧都《ごんだいそうず》能寛《のうかん》、大友能直《おおともよしなお》がそれだと、信じていた。以下、なるべく簡単にそれぞれの実否を検証してみたい。

島津忠久

まず、島津忠久である。かなりの長文だが、「島津家譜」に次のように記されている。

始祖島津豊後守惟宗忠久ハ後藤原氏を称す、右大将源頼朝卿の庶長子にして、母は比企《ひき》判官《ほうがん》能員《よしかず》の妹丹後局《たんごのつぼね》なり、初め丹後局、頼朝卿に幸ひせられて姙《はら》める時、御台所《みだいどころ》北条氏政子、是を聞て大に妬《ねた》ミ怒リ、人をして局を害せしめむとす、頼朝卿潜《ひそか》に能員をして、局を奉して遠く逃れしめ、且つ能員に仰せて、生るる所の子を報せしむ。

既に行手摂津《せっつ》国住吉社《すみよししゃ》の辺りに至り、まさに産気あり、宿を里人に求むれとも納れず。社の側なる石上に憩ふ。治承三年己亥大歳の夜、遂に男子を生む。即《すなわち》忠久なり。後に世人、其石を名つけて。島津誕生石といふ

その明るあした、近衛《このえ》殿基通公、たま〳〵住吉に社参ありて忠久と局とを助けて携へ帰り給ひ、後、陰にこれを頼朝卿に告《つげ》しむ。頼朝卿、人を京師《けいし》に遣し、忠久に名つけて三郎と云ひ、局を出して八文字《はちもんじ》民部大輔《みんぶのたいふ》惟宗広言《これむねのひろこと》に嫁せしむ。このゆへに忠久、母に従ひて広言の家に畜《やしな》はる。因《よつ》て惟宗氏を冒す。

元暦二年乙巳六月十五日、頼朝卿、三郎を召し、鎌倉鶴ヶ岡にて見参し、畠山次郎重忠をして、これに元服を加へ、名つけて忠久といふ。

ほぼ同様のことが、「島津家記」、「島津国史」、「諸家系図纂」七ノ三島津、同書三ノ一吉見、『系図纂要』、『新撰事蹟通考』、『大成武鑑《たいせいぶかん》』に記されている。一人これに反対した

のが、新井白石《あらいはくせき》の『藩翰譜《はんかんふ》』だけである。

近年になってからの研究には、次の三論文が管見に入っている。

○　大森金五郎「島津忠久は頼朝の落胤といふ説の真偽について」『歴史地理』四四ノ六、大正十三年

○　大森金五郎「島津忠久頼朝の落胤説について」『日本中世史論考』昭和三年

○　朝河貫一「島津忠久の生ひ立ち、低等批判の一例」『史苑』一二ノ四、昭和十四年

現時点では否定説のほうが有力のようだが、建仁三年（一二〇三）九月、比企能員事件に忠久が縁座して、薩・日・隅三国守護職などを没収されていることなどを思うと、一概に否定し得ないようでもある。なお弟の若狭忠季については、忠久の弟ということだけが根拠だから、もちろん落胤ではないと思われる。

大友能直

次に大友能直《よしなお》だが「大友志賀系図」の斎院次官中原親能《なかはらのちかよし》の子能直の項に、次のように記されている（原漢文）。

母大友四郎大夫経家三女経家、上野国住人なり、その娘をして源頼朝に仕えしむ戸根局と号す。その妾戸根局、すなわち懐妊す。

承安元年辛卯（一一七一）、その孕婦《ようふ》を近藤左近将監《さこんのしょうげん》親成に遣わす。同二年壬辰正月三日、男子、

近藤親成の家に誕生す。実は頼朝の子なり。童名一法師丸。親成と共に伊豆国箱根権現宮に参詣し、それより直《じ》きに蛭《ひる》ガ小嶋にいたり、初めて頼朝公に相見《まみ》ゆ。頼朝、その容貌眼色を見、はなはだ鍾愛《しょうあい》す。すなわち親成に告げていわく

「我れ、いま文覚《もんがく》上人を密かに上洛せしめ、法皇の院宣《いんぜん》を請い、もって義兵を伊豆国に挙げんとす。故にいま汝、賀して一法師丸を来たり見せしむ」

すなわち一法師丸を斎院次官親能の養子として、諱《いみな》を能直と号す。しかりといえども能直は母の姓氏を用い、大友一法師丸藤原能直と称す。

以上の書ほどは詳しくはないが、能直が「じつは右大将頼朝の子」と記したものに、『高野山文書《こうやさんもんじょ》』所収の貞応二年（一二二三）霜月《しもつき》二十七日「西生院《さいしょういん》文書」の「大友家御歴代」と「大友家御世代過去牒」、『諸家系図纂』所収「大友系図」と「藤姓大友系図」、「立花系図」などがある。

大友能直が頼朝の落胤であるという説に関する研究は、管見のかぎりでは皆無である。多くの研究者が、あまりの馬鹿馬鹿しさに、手を付けようともしなかったということであろう。

法印貞暁

頼朝の落胤であるのが確実なのは、鎌倉法印貞暁《じょうぎょう》である。『吾妻鏡』に頼朝の落胤として数回登場するのを要訳すると、次のようである。

文治二年（一一八六）二月十六日、長門《ながと》江七《ごうしち》景遠《かげとお》の鎌倉の浜ノ宅で貞暁は生まれた。生母は伊佐常陸介時長《ひたちのすけときなが》の娘で、幕府女官の大進局《だいしんのつぼね》。ことが北条政子に知られていたので、御産の間の儀式関係は、すべて省略だった。なお生母の父時長は『尊卑分脈』『系図纂要』などでは頼宗、「伊達《だて》系図」では朝宗となっている。三年後の奥州征伐に従軍して、嗣信・忠信兄弟の父佐藤荘司基治らを討ち取ったので、時長は陸奥《むつ》国伊達郡を行賞されて伊達氏を名乗り、いわゆる伊達氏の始祖となる。

ほぼ半年後の同年十月二十三日、長門江太景国《ごうたかげくに》は北条政子の気色《けしき》を蒙って、貞暁を抱いて深沢里に隠れた。

建久二年（一一九二）正月二十三日、大進局が伊勢国三ケ山《さんかやま》（関《せき》町坂下《さかした》字三ツ児山《みつごやま》）を拝領したが、なにか問題があったらしく、翌三年十二月十日、重ねて政所下文が大進局に与えられている。

なお建久三年四月十一日、貞暁が七歳になったので、野三刑部丞成綱《のさんぎょうぶのじょうなりつな》、一品房法橋昌寛《しょうかん》、大和守重弘《やまとのかみしげひろ》の三人が乳母夫《めのと》に任じられたが、三人ともに政子の嫉妬を怖れて辞退したので、結局、長門江太景国が乳母夫《めのと》となり、翌月、貞暁をつれて上洛することになった。なお景国は藤原利仁《としひと》の曾孫《そうそん》修理少進景通《かげみち》の曾孫で、父景遠が大学頭《だいがくのかみ》大江通国《みちくに》の猶子になって大江氏に改姓したという名家の者だった。

そして同年五月十九日、貞暁は仁和寺《にんな》の法眼隆暁《ほうげんりゆうぎよう》の弟子僧となるため上洛して行った。長門江太景国、江内能範、土屋弥三郎宗光、大野藤八《とうはち》、由井七郎家常《ゆいのしちろういえつな》のほか頼朝の雑色《ぞうしき》国守、御厨舎人宗重《みくりやとねりむねしげ》が供だった。出発したのが常陸平四郎の由井ノ宅だったというから、政子の目を逃れるためそれまで鎌倉中を転々としていたらしい。なお出発の前夜、頼朝が秘かに常陸平四郎宅を訪れて、貞暁に太刀を与えている。

なお貞暁の師とされた仁和寺の法師隆暁は、村上源氏の大宮権亮《ごんのすけ》俊隆の子で、頼朝の姉婿一条能保《いちじようよしやす》の養子だった。

やがて京都に着いた貞暁は、同年六月十六日、一条能保に付き添われて、弥勒寺法印隆暁の仁和寺の勝宝院《しようほういん》に入った。貞暁の「暁」の字は、師僧隆暁からの賜諱だったと思われる。貞暁の幼名は、まったく判らない。その後、師僧の勝宝院院主隆暁の跡を継いで同院院主となって法印に叙せられ（『血脈類集記《けちみやくるいしゆうき》』八）、さらに高野山に移って一心院《いっしんいん》院主となり（『仁和寺諸院家記』勝宝院の条）、貞応二年（一二二三）、高野山奥院の拝殿を修補して頼朝の菩提《ぼだい》を弔うために寂静院《じゃくじょういん》を建立した（『伝燈広録《でんとうこうろく》』広沢方、『紀伊続風土記』所収「寂静院貞暁伝」）。

なお貞暁は、寂静院建立の資金の提供を幕府に求め、幕府の関東御領だった大和国十市《といち》郡夜部《やべ》荘（田原本《たわらもと》町矢部）を寄進したことが知られる（『鎌倉遺文』三六四〇、三七三二）。この間の建保五年（一二一七）二月七日には、北条政子の招きに応じて鎌倉に来たこともあった（『高野春秋』八）。その後、律師《りっし》能寛《のうかん》と改名したともいう（『血脈類集記』八）。

四十六歳で高野山で死んだのは、寛喜三年（一二三一）二月二十二日だったらしい（『吾妻鏡』寛喜三・三・九条、同三・六・二十二条、『高野春秋』八、『系図纂要』、『血脈類集記』八、『仁和寺諸院家記』、『紀伊続風土記』所収「寂静院貞暁伝」）。

生前の貞暁が領していた所領は、前記の大和国夜部荘のほかに、備中《びっちゅう》国多気《たけ》荘（賀陽《かよう》町多気）、同国巨勢《こせ》荘（高梁《たかはし》市巨勢）、和泉国長家荘（現在地不明）、伊勢国三ヶ山（三カ山町）、同国山田野《やまだの》荘（白山《はくさん》町山田野）があった。これらは貞暁の生前の譲状により、すべて西園寺実氏《さいおんじさねうじ》の子通勝《つうしょう》に譲られている（寛喜三・六・二十二条）。なお貞暁の伝記には、口入《くにゅう》田覚了《でんかくりょう》「仁和寺貞暁法印伝」（『仏教史学』二―九、大正元年）がある。

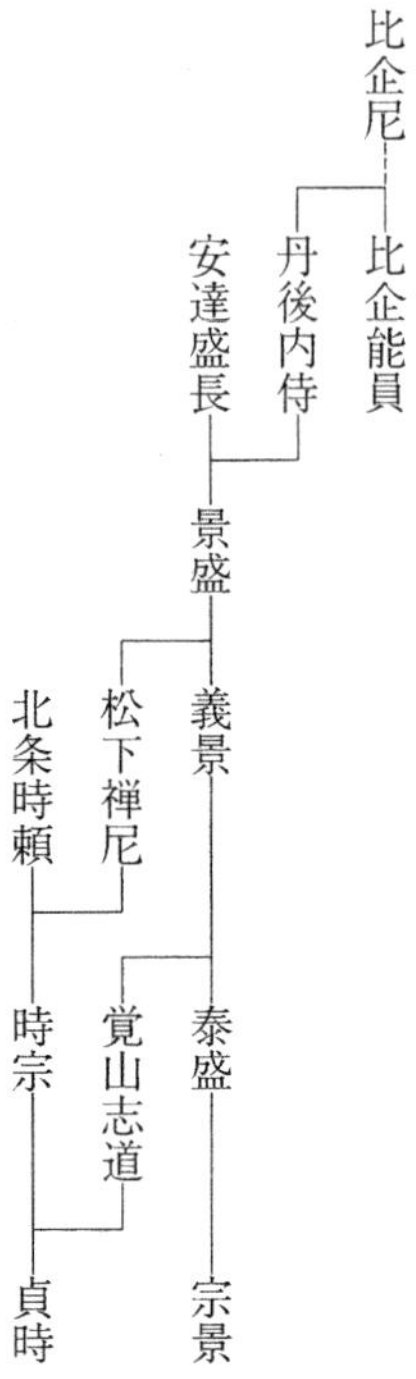

安達景盛

通常、頼朝の落胤あるいは落胤かといわれてきたのは、鎌倉法印貞暁（法印権大僧都能寛）、島津忠久・若狭忠季兄弟、大友能直の四人だが、いくつかの情況証拠によって頼朝の落胤だったのではないかと思われるのが、秋田城介安達景盛《あだちかげもり》である。関連する前後の系図を右に掲げる。

二度目に襲来した蒙古《もうこ》軍が敗退したのは弘安四年（一二八一）閏七月一日。三年後の同七年四月四日に時宗が死ぬと、十四歳の貞時が北条氏得宗《とくそう》を嗣ぎ、同七月七日に執権職に就任した。

その貞時には二人の側近があった。一人は内管領《うちかんれい》の平《たいらの》頼綱《よりつな》、もう一人は乳母覚山志道尼の兄秋田城介安達泰盛《あだちやすもり》である。そして二人は仲が悪く、互いに讒言《ざんげん》し合った、と

『保暦間記』に記されている。

そして泰盛の嫡男宗景が、頼綱に好餌《こうじ》を与えた。「曾祖父景盛入道ハ右大将頼朝ノ子成ケレバ」というので、にわかに源姓を呼称したのである。機会を窺っていた頼綱が、これを見逃すわけはなかった。「宗景ガ謀反ヲ起シテ、将軍ニ成ラント企テ、源氏ニ成」ると、貞時に訴えて出たのである。

そして弘安八年（一二八五）十一月十七日、貞時が発した追伐《ついばつ》軍に敗れて、安達一族はついに滅んだ。弘安合戦、あるいは霜月《しもつき》騒動ともいう。

宗景が源姓を呼称したというのは、まったく根も葉もないことではなかったらしい。ちなみに、清和源氏嫡系二代目の多田満仲《ただみつなか》が、名刀工に作らせたという伝説的な名刀がある。鬚切丸《ひげきりまる》と膝切丸《ひざきりまる》である。そのうちの鬚切丸は、左の系図のように清和源氏の嫡系に受け継がれてきて、清和源氏嫡系のシンボルのようになっている。

満仲①─┬─頼光②
　　　　└─頼信─頼義③─義家④─義親─為義⑤─義朝⑥─頼朝⑦

少年時代の頼朝が次代の家督ということで父義朝から伝領したが、平治の乱後に頼朝が平家に生け捕られたとき、鬚切丸は平清盛の手に渡った。これを清盛は後白河法皇に献上したと『保暦間記』にある。さらに『保暦間記』は続けて、建久元年（一一九〇）十二月一日、後白河法皇の御所に頼朝が参院したとき、法皇は鬚切丸を頼朝に示して、

これや、見知られ候

と尋ねた。

源氏重代鬚切ト申ス太刀ナリ

と答えた頼朝は、「平治ノ昔、平家ノ為ニ取ラレテ三十余年ヲ経テ今始メテ見給フ。且《かつ》ハ君ノ御志ノ忝《かたじけ》ナサ、且ハ昔ノ事只今ノ様ニ覚エテ、涙ヲ流シテ三度拝シテ」受け取ったという。

その後の鬚切丸の移動については、『鎌倉遺文』一六〇六六「北条貞時寄進状」に詳しい。

頼朝が二度目に上洛した建久六年、「ある貴所の御悩《ごのう》により」、頼朝は護刀《まもりがたな》として貴所に進上したというが、その「貴所」が誰であるかは判らない。その「貴所」は、さらに「或霊社《あるれいしゃ》」に籠めた。それを安達泰盛が「尋ね取」ったが、霜月騒動で安達泰盛が滅び去

った後、北条貞時が尋ね出して後で装束を加え、弘安九年（一二八六）十二月四日、頼朝法華堂の御厨子《ずし》に寄進安置したとある（拙著『新田堀江氏研究―通史』）。

以上のような宝剣鬚切丸の数奇な移転のなかで、いま注目すべきは安達泰盛が「尋ね取」ったということである。清和源氏の嫡系のシンボルになっていたのが、鬚切丸である。それを泰盛が「尋ね取」ったというのは、自分が清和源氏の嫡系であると信じていたことの証拠であり、祖父景盛が頼朝の落胤だったからということになる。

果然、泰盛の子宗景が「曾祖父景盛入道ハ右大将頼朝ノ子成ケレバ」というので、にわかに源姓を呼称したという『保暦間記』の記述には、それなりの根拠があったということになる。

そのような眼で『吾妻鏡』を読みなおしてみると、景盛が頼朝の落胤だったということを傍証するような情況証拠が、随所にみられる。

文治二年（一一八六）六月十日、景盛の生母（安達盛長室）の丹後内侍《たんごのないし》が、鎌倉甘縄《あまなわ》神社前の安達館で病悩した。これを知った頼朝は、秘かに安達館を訪れて、丹後内侍を見舞った。同十四日には、丹後内侍の病気が平癒した。頼朝が「立願」したお蔭らしい。

頼朝が甘縄の安達館を訪ねたという例はほかにも多い。寿永元年（一一八二）正月三日、建久五年（一一九四）正月八日、同十二月一日、同六年正月四日、同十二月十二日などである。側近の重臣安達盛長の館を訪れたというだけのことだったら、その回数はあまりにも多すぎるように感じられる。

頼朝が死んだ直後、二代目を嗣いだ頼家は、正治元年（一一九九）八月十九日、些細なことを問題として、安達館を攻めようとした。頼家は景盛が異腹の兄であることを知っていて、この挙に出ようとしたのではないだろうか。

なお京都の白河上皇が、寵姫祇園女御《ちようきぎおんのにようご》（またはその妹）が懐妊したとき、生まれたのが男だったら平忠盛《たいらのただもり》の子にし、女だったら上皇が育てると約束した。そして生まれたのが男だったので、忠盛の子にした。これが平清盛である。

このようなことがこの時代には珍しくはなかったらしい。だから頼朝の乳母比企尼《ひきのあま》が、自分の娘（丹後内侍）に流人の頼朝の世話をさせていたが、内侍が流人の子を妊《みごも》ったので、平家の聞こえを憚《はばか》って内侍と安達盛長とを結婚させた。そして生まれたのが、景盛だったということではなかったであろうか。

頼朝を狙った刺客

鶴岡八幡宮の大男

治承五年（一一八一）七月二十日、鶴岡八幡宮寺《つるがおかはちまんぐうじ》の若宮の宝殿の上《じょう》棟式《とう》に、御家人《ごけにん》多数を率いて頼朝は出席した。工匠たちも多く参列して、申ノ刻（午後四時）、儀式は終わった。

頼朝が多数の御家人を供にして退出しようとしたとき、背の高さ七尺余（二一〇チセン余）ほどの巨漢が供奉人《ぐぶにん》を掻き分けて、しきりに頼朝に近付こうとしているのが目に付いた。暫時《ざんじ》、頼朝が立ちどまったとき、その頼朝の様子を看て取った下河辺《しもこうべ》荘司行平《ゆきひら》が、とっさに巨漢を取り押さえた。御所に戻ってから取り調べてみると、巨漢は直垂《ひたたれ》の下に腹巻を着、髻《もとどり》に札を付けて、「安房国故長佐六郎常伴の郎等、左中太常澄」と書いてあった。去年九月に頼朝を襲撃しようとして、逆に三浦義澄《みうらよしずみ》に倒された長佐常伴《ながさのつねとも》の郎等だったのである。頼朝の暗殺を企てていたことは、まさに明らかだった。

それにしても頼朝は、何故、この巨漢が暗殺者だと察知したのだろうか。『吾妻鏡』には、「いまだ見ざるの男一人」としか記されてはいない。〝見たことがない男〟というだけで異状を感じたというのであれば、頼朝は供奉の御家人たちの顔をすべて見知っていたということになる。いわば頼朝捕物帳《とりものちょう》の一例である。

建築現場の片目の人夫

建久三年（一一九二）正月二十一日、頼朝は永福寺《ようふくじ》の建設現場の査察に赴いた。地均《じなら》しなどの工事が行なわれていて、土石を運ぶ人夫が数多く立ち働いていた。人数を割り当てられた御家人たちが、それぞれの所領の農民たちを人夫として差し出していたのである。

工事を見廻っていた頼朝は、その人夫たちのなかに、一人異様な者がいるのに気付いた。左眼が盲目だったのである。

彼の者、御家人の誰人が進ずるや。

頼朝の下知に応じて、すぐに梶原景時が走った。しかし景時の尋問に、はかばかしい返答はなかった。そして頼朝の目配《めくば》せに気付いた佐貫四郎大夫広綱《さぬきのしろうのだいぶひろつな》が、その場で人夫を捕らえようとした。

逃げようとした人夫の懐から、一尺ほども刀身の長い打刀《うちがたな》が転がり出た。そして人夫が暴れたので、盲目のように見えていた人夫の左眼から、填《は》められていた魚の鱗《うろこ》が、剝がれて落ちた。変装をして頼朝に近づき、暗殺を図っていたことは歴然だった。

捕らえられて観念した曲者は、昂然として自分の名を名乗った。

我れこそは、平家の侍大将《さむらいだいしょう》伊藤上総介《かずさのすけ》平忠清《たいらのただきよ》が嫡男上総五郎兵衛尉《ひょうえのじょう》忠光《ただみつ》なり。鎌倉殿を度《はか》り奉らんがため、東国に潜入し、数日間、鎌倉中を経廻《へめぐ》せり。

平家の侍大将筆頭の伊藤忠清の嫡男で、当人も侍大将の一人だった忠光だった。とにかく大物だった。二月二十三日、忠光は六浦《むつうら》海岸で、侍所別当和田義盛《わだよしもり》によって斬られた。

いずれにしても忠光の事件は、幕府御家人社会と畿内近国との習慣の違いを示していて、きわめて興味深い。

畿内近国でも公卿《くぎょう》・寺社および平家などは、なにかの工事などのさい、自領荘園から人夫を徴発《ちょうはつ》したものだった。そして徴発される在地では、不具者などを差し出すのが常だった。永年、京都に住んでいた伊藤忠光にとって、徴発された人夫が不具者だということは、あまりにも当然の常識だった。だから永福寺の工事現場に人夫として忍び込むとき、片目が盲目であるかのように変装したのである。

しかし新興の武都鎌倉の幕府御家人の社会では、畿内近国での常識は通用しなかった。自領の農民たちのうちの不具者などを主君頼朝の工事に差し出したりすれば、それこそ不忠ということになってしまうので、御家人たちは競って身体強壮な者を人夫として差し出していたのである。必然的に盲目を装っていた忠光は、多くの丈夫そうな人夫たちのなかで、ひときわ目だっていたのである。「彼の者、御家人の誰人が進ずるや」という頼朝の質問には、〝自分に対して忠誠心を表明しようとしない御家人は誰なんだ〟という意味もあったのである。

怪しげな僧侶

建久六年（一一九五）四月一日、京都の勘解由小路《かでのこうじ》京極《きょうごく》で、結城七郎《ゆうきしちろう》朝光《ともみつ》、三浦平六佐衛門尉義村《みうらのへいろくさえもんのじょうよしむら》、梶原平三景時《かじわらのへいぞうかげとき》らが、平家の残党の前《さきの》中務丞《なかつかさのじょう》平宗資《むねすけ》父子を捕らえたと、『吾妻鏡』にある。

これと同じことと思われる事件が、月日・場所・人名などがやや違って、『平家物語』に次のように記されている。

同六年三月十二日、頼朝が奈良の大仏殿に行こうとして、東大寺西面の碾磑門《てがいもん》の近くに差しかかったとき、突然、頼朝が梶原景時を呼んで命じた。「碾磑門前の南側に、僧侶たちと離れて怪《あや》しげなる者が見える。召し捕れ」。

捕らえられたのは、平家の侍だった薩摩中務家資《いえすけ》だった。

運命尽きぬれば、とこうは申すに及ばず。もしや鎌倉殿を討てるやも知れずと思い、かくは推参せるなり。

家資は、淡々として白状した。やはり頼朝暗殺を、企てていたのである。

頼朝が家資を怪しいと見たのは、「ひげをばそッて、もとどりをばきらぬ」という風体だったことである。

家資がいたのは、髻《もとどり》を切って剃髪している僧たちの間だった。それでいて髻を切っていなかった家資は、異様に目立ったことであろう。頤鬚《あごひげ》は剃らないのが一般の武士の習わしだったから、剃髪《ていはつ》せずに頤鬚だけを剃っていた家資は、とくに頼朝には異様に見えたに違いない。

いずれにしても頼朝が、諸事に細心の注意を払っていたことが推察されるのである。

御門葉と准門葉

源氏受領　元暦元年（一一八四）六月五日、頼朝が京都朝廷に推挙した清和源氏の三人が、朝廷から国司に任命された（元暦元・六・二十条）。

源範頼（三河守）
太田広綱《ひろつな》（駿河守）
平賀義信《よしのぶ》（武蔵守）

続いて文治元年（一一八五）八月十六日、同じく清和源氏の六人が国司と任命された。

山名《やまな》義範《よしのり》（伊豆守）
大内《おおうち》惟義《これよし》（相模守）

足利義兼《あしかがよしかね》（上総介）
加賀美遠光《かがみとおみつ》（信濃守）
安田義資《やすだよしすけ》（越後守）
源　義経《みなもとよしつね》（伊予《いよ》守）

『尊卑分脈』の山名義範、足利義兼、安田義資、大内惟義の項に、それぞれ「文治元八十六源氏受領《ずりよう》内」と誇らし気に記されていて、これがきわめて名誉なことと意識されていたことが判る。

元暦元年の三人と文治元年の六人が国司に任命された九ヵ国のうち、三河については不確実だが、駿河、武蔵、伊豆、相模、上総、信濃、越後の七ヵ国は、頼朝が知行《ちぎよう》国主である関東御分国《かんとうごぶんこく》だったということに、間違いはない（文治二・三・十三条、同三・十・二十五条）。だから三河を含む八ヵ国の新国司については、みな頼朝の推挙があっての任命だったということになる。

ところが義経が国司に任命された伊予国は、関東御分国ではなく、後白河法皇が推挙権を持つ後白河院分国だった（『玉葉』養和元・三・六条）。つまり義経の伊予守就任は、頼朝の推挙があったわけではなく、後白河法皇の恣意《しい》による任命だったことになる。

御門葉

いずれにしても頼朝に推挙されたお蔭で関東御分国の国司に任命された清和源氏の八人は、「御門葉《ごもんよう》」ということになったらしい（建久六・十一・六条）。それに応じていくつかの特権が与えられたようである。なお「門葉」という語は、〝同一血統の血縁者〟というのが一般的な意味だが、『吾妻鏡』での「御門葉」は、それとは違った意味だったらしい。

元暦元年（一一八四）三月十七日、清和源氏武田氏庶流の板垣兼信《いたがきかねのぶ》が飛脚《ひきやく》をもって頼朝に対し、自分は「御門葉に列しているから」、〝軍奉行の土肥実平《どひさねひら》の上司である〟とする文書を発してほしいと申請した。これに対して頼朝は、明確に拒絶している。

板垣兼信の「御門葉」というのは清和源氏という頼朝の同族だという意味だったが、頼朝にとっての「御門葉」というのは、血統だけによるものではないということだったのである。

御門葉の特権

いずれにしても頼朝が創始した「御門葉」には、いくつかの特権が附与されていた。

○　源姓呼称が許される（建久四・八・二条）。

建久四年（一一九三）八月二日、謀反《むほん》の嫌疑を受けた範頼が、起請文《きしょうもん》を頼朝に提出して

弁解したところ、その起請文の差出人として「源範頼」と書かれているのを見た頼朝は、

「源」の字を載す。もしくは一族の儀を存ずるか。すこぶる過分なり。

として、さらに怒りを強めている。頼朝の「一族の儀」とは、「御門葉」のことだったのである。

なお範頼は、頼朝の推挙を得て三河守に任じられて、晴れて「御門葉」に列したが、文治元年（一一八五）四月、三河守を辞任している（文治元・四・二十四条）。三河守辞任で範頼が御門葉ではなくなったということは、御門葉というのは国司在任中だけのことであって、子孫にまで続く尊称ではなかったことになる。

○　実際に家政機関としての○○家政所《まんどころ》を持っていたか否かは別として、書状などを出すときに、差出名を「○○家政所」とすることができた（宝治二・閏十二・二十八条）。

○　勝長寿院《しょうちょうじゅいん》の落慶供養《らっけいくよう》などの行列に、頼朝の直後の位置を与えられ（文治元・十・二十四条）、「右大将家（頼朝）の御氏族たり」と誇示するなど（宝治二・閏十二・二十八条）、頼朝から同族の待遇が与えられる。

以上のような特権を持つ「御門葉」になるには、次のような条件があった。

一、血統的に清和源氏であること。

二、京都朝廷への頼朝の推挙を得て、朝廷から関東御分国の国司に任命されること。

以上のような「御門葉」とは別に、「准門葉《じゅんもんよう》」というものもあった（建久六・十一・六条）。大江広元、毛呂季光《もろすえみつ》、下河辺行平《しもこうべゆきひら》、結城朝光《ゆうきともみつ》である。いずれも、血統は清和源氏ではなかった。

准門葉

大江広元

元暦元年（一一八四）九月十八日、大江広元は因幡守《いなばのかみ》になったが（『山槐記《さんかいき》』）、因幡国は関東御分国ではなかったから、これは頼朝の推挙によるものではなかっただろう。

しかし『尊卑分脈』の大江広元の項に、

関東において頼朝兄弟の儀、源と号す。但し広元一代なり。

とあるのが気になる。〝広元一代は源姓呼称が許されていた〟と解すれば、まさに「准門葉」ということになる。しかし広元が源姓を呼称したという実例は管見には入っていないし、〝頼朝と兄弟の儀〟だったということにも、疑問の余地はある。

いずれにしても広元は、建保四年（一二一六）正月二十七日、陸奥守に任じられており、陸奥国は関東御分国だったから、三代将軍実朝《さねとも》の推挙を得て、「准門葉」の列に加わったものと思われる。

なお広元の長男親広《ちかひろ》は源姓を称していたが、これは村上源氏の土御門通親《つちみかどみちちか》の養子になっていたからで、「准門葉」ではない。

毛呂季光　藤原姓の毛呂季光が豊後《ぶんご》守に任じられた前後の情況については、『吾妻鏡』にかなり詳しく記されている。文治元年十二月六日、頼朝は次のように後白河法皇に書き送った。

豊後、頼朝、申し給らんと欲す。その故は、国司（藤原宗長カ）といい、国人といい、行家・義経の謀叛に同意す。よって、その党類を尋ね沙汰せしめんがため、国務を知行せしめんと欲するなり。

そして同二十七日、頼朝の申請が通って豊後国は関東御分国になり（『吉記』『玉葉』）、同二年二月二日、頼朝は次のように後白河法皇に書き送った。

一、毛呂太郎藤原季光、国司のこと。これ、大宰権帥《だざいごんのそち》季仲《すえなか》卿の孫なり。心操《しんそう》もっとも穏便にして、賢慮《けんりょ》に相叶うか。かたがた理運《りうん》の間、御分国につきて、豊後国を挙し申さしめたまう。

そして同六月一日には、季光は「豊後守」として、『吾妻鏡』に登場している。

なお頼朝が伊豆の流人だったとき、頼朝の下部《しもべ》らが不堪《ふかん》のことがあって、季光の子太郎季綱の所領の辺に牢籠《ろうろう》したことがあった。このとき季綱は、その下部に扶持《ふち》を加えて、頼朝の許に送り返している。

その労に報謝《ほうしゃ》するため、建久四年（一一九三）二月十日、頼朝は季綱に武蔵《むさし》国泉《いずみ》・勝田《かちだ》（滑川《なめがわ》村和泉）を与えている。その父季光が豊後守に推挙され任命されたのも、その子季綱のことがあったからかもしれない。いずれにしても毛呂季光は、「准門葉」に列せられたのである。

なお関東御分国のほぼすべてが東国所在だったのに、豊後国だけは遠い九州の地だった。頼朝が説明しているよりほかに、なにか事情があったものと思われる。

下河辺行平

下河辺荘司行平については、建久六年（一一九五）十一月六日、将軍家（頼朝）、ことに芳情を施させるるの余り、子孫においては永く門葉に准ずるの旨、御書を下さる。

とあって、行平の子孫にいたるまで「准門葉」とされ、そのような身分を示す証書のようなものが発せられていた。大江広元のような一代限りではなく、子孫にいたるまで続くとしてある点に注目される。〝准門葉家〟とでもいうべき家系が創成され、この制度を頼朝が永く続けるつもりだったと思われる。

結城朝光

結城朝光については、宝治二年（一二四八）閏十二月二十八日、足利義氏《あしかがよしうじ》との相論《そうろん》で、事情が判明している。御門葉だった足利義氏が藤原姓の結城朝光に宛てた書状で、

結城上野入道殿（朝光）　　足利政所

とした。すると朝光の方でも、

足利左馬頭《さまのかみ》入道殿（義氏）　御返事　結城政所

と、同等の書札礼《しょさつれい》で返事を出した。これに怒った義氏は、

吾は右大将家（頼朝）の御氏族（御門葉）なり

だから藤原姓の結城朝光とは身分が違うのだとして、朝光を幕閣に訴えて出た。すると朝光は、頼朝が朝光を准門葉と認定した文書を証拠として提出して、

足利氏（御門葉）と結城氏（准門葉）とは、同格の礼たるべし。

という裁決を得ている。

将軍家の藩屏

「御門葉」と「准門葉」とでは、身分に較差がなかったのである。また足利氏で御門葉とされたのは義兼だったが、御門葉という格式は、その

子義氏にも継承されていたことが判る。また頼朝が朝光を准門葉に列したとき、それを文書にして発していたということも、この例で判明する。

いずれにしても頼朝は、清和源氏のうちから八人を選りすぐって「御門葉」とし、藤原姓や大江姓など他門から四人を選んで「准門葉」とした。いわば源氏将軍家の藩屏《はんぺい》であり、幕府御家人社会での貴族のような権威と名誉のある地位だった。

頼朝死後の御門葉

この制度の恒久化を頼朝は期待していたようだったが、頼朝の死後、それまで無位無官だった北条時政《ほうじょうときまさ》が遠江守になり、続いて北条義《よし》時《とき》が相模守になったことなどから、この制度は崩壊して忘れ去られてしまったらしい。

ちなみに頼朝没後の承元三年（一二〇九）五月十二日、和田左衛門尉《さえもんのじょう》義盛が、三代将軍実朝に上総《かずさ》国司に挙任して欲しいと申請した。これを聞いた尼将軍《あましょうぐん》北条政子は、

故将軍《こしょうぐん》（頼朝）の御時《おんとき》、侍の受領においては停止すべしとの由、その沙汰しおわんぬ。よって、かくの如きの類《たぐい》を聴《ゆる》されし例を始むるの条、女性の口入《くにゅう》に足らず。

と答えて、義盛の上総介への推挙を拒絶している。「御門葉」と「准門葉」の制は、事実上、廃絶されたのである。

のち『吾妻鏡』を愛読したという徳川家康は、紀州大納言家、尾張大納言家、水戸中納

言家をもって、いわゆる「御三家」としている。もしかしたら、御門葉の制を真似たのかもしれない。

鎌倉幕府の草創

源源合戦と平平合戦

佐竹氏討伐　富士川合戦の直後、頼朝は逃げる平家勢を追って、追撃上洛戦を敢行しようとした。しかし頼朝の下知《げち》に応じたのは、飯田五郎家義《いいだのごろういえよし》父子と印東次郎常義《いんとうのじろうつねよし》の二人だけだった。

その結果は、惨澹たるものだった。家義の子と常義とは、返し合わせた平家勢に討ち取られてしまったのである。

弟常義を失った上総介広常《かずさのすけひろつね》は、上洛戦に反対した。背後に平家側の佐竹氏を放置して上洛戦を敢行すれば、当然、途中で挟撃される心配があると、広常は主張したらしい。

そして三浦義澄《みうらよしずみ》、千葉介常胤《ちばのすけつねたね》も、広常と同調した。まだまだ東国には平家に心を寄せている者が多いから、東国の平定を先にすべきだというのである。

この時期の頼朝軍では、上総、千葉、三浦三氏の麾下《きか》が圧倒的に多かった。その三氏の長三人の主張である。頼朝も、これに従わないわけにはいかなかった。

ちなみに三浦、千葉、上総の三氏と畠山《はたけやま》氏とは、江戸湾の制海権をめぐって、同盟関係を結んでいたらしい。三氏の所領は、そのまま江戸湾に面していたし、畠山氏の所領は内陸に位置してはいたが、荒川などで江戸湾に通じていたからである。

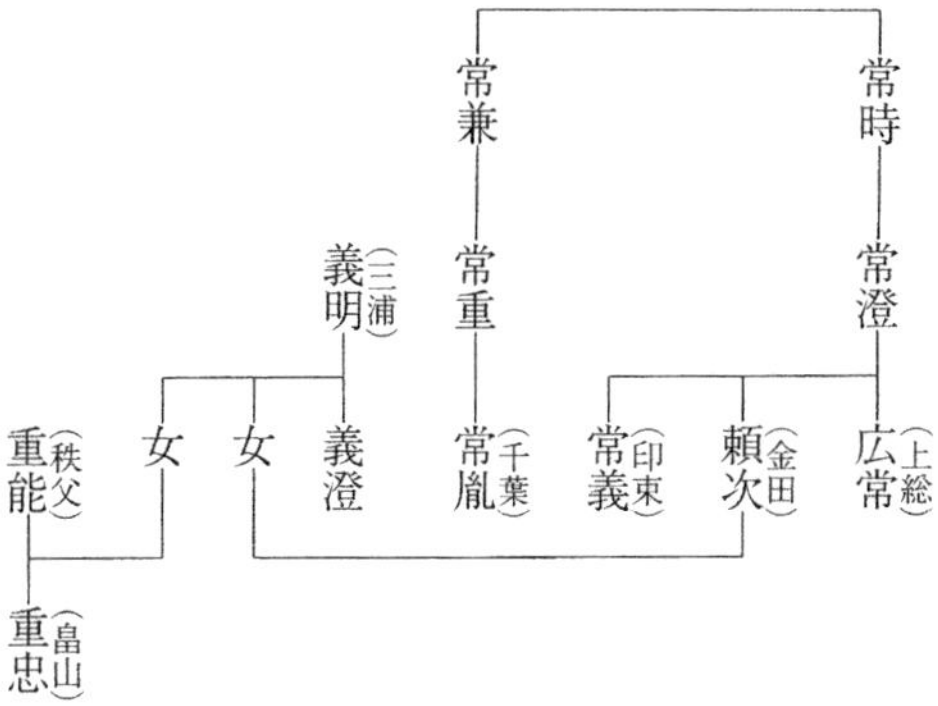

いずれにしても頼朝は、軍を返して常陸《ひたち》国に向かい、治承四年（一一八〇）十一月四日と五日、佐竹《さたけ》冠者《かじゃ》秀《ひで》義《よし》の金《かな》砂《さ》城《じょう》（金砂郷町上宮河内）を攻略している。

ちなみに上総氏と佐竹氏とは、永年の間、対立が続いていた。この対立を一挙に解決するために、広常は頼朝を利用したのだという解釈が一部の研究者の間にある。

いずれにしても佐竹氏は、新羅《しんら》三郎《さぶろう》義光《よしみつ》を祖とする清和源氏《せいわげんじ》だった。これを源頼朝が攻めたということでは、ことは「源平合戦」ではなく、〝源源合戦〟ということになってしまう。

新田氏の動向

同じような事例は、その前後の頃、数多くみられた。石橋山合戦《いしばしやまかっせん》直後の治承四年（一一八〇）九月七日、同合戦の情況について新田義重《にったよししげ》が書き送った書状が、平清盛《たいらのきよもり》の許《もと》に届いたと、中山忠親《なかやまただちか》の日記『山槐記《さんかいき》』に見えている。義重は八幡太郎義家の三男義国の子だったから明らかに清和源氏の一人だったが、この段階では平家側だったのである。

同十二月十二日、頼朝が新造《しんぞう》の大蔵御所に移徙《いし》したとき出仕した御家人《ごけにん》三一一人のうちに、義重の子山名《やまな》冠者義範《よしのり》の姿があった。一〇日後の同二十二日、京都大番役で在京していた義重の孫里見太郎義成《さとみのたろうよしなり》が平家を欺《だま》して京都を脱出して、この日、頼朝の麾下に馳せ加わっている。

まさにその同二十二日、新田大炊助義重《にったおおいのすけよししげ》がようやく頼朝に帰順してきていた。これまで義重は上野国《こうずけ》寺尾《てらお》館（高崎市寺尾町）に楯籠《たてこも》って兵を糾合し、頼朝に楯突く形勢を示していたのだが、ようやく今、形勢不利とみて頼朝の麾下に従ったのである。頼朝と新田義重との間の源源合戦は辛うじて避けることができた。

佐竹討伐《とうばつ》で頼朝が常陸国府《こくふ》（石岡市国府《いしおかこくふ》）に入ったとき、叔父の信太《しだの》三郎先生《せんじょう》義広《よしひろ》と十郎蔵人行家《ゆきいえ》が迎えに出ていた。もちろん二人とも、頼朝の亡父義朝の弟だから、血統は清和源氏だった。

平家軍の下向と迎撃軍の発向

寿永二年（一一八三）二月十日、平家側の高橋大夫判官景高《たいふのほうがんかげたか》が、一千余騎を率いて東国に向かったという急報が鎌倉に入った。続いて同十五日、頼朝追討《ついとう》の院宣《いんぜん》を持った蔵人頭《くろうどのとう》平重衡《たいらのしげひら》が、また一千余騎を率いて京都を出撃したとの急報が鎌倉に入った。

同十七日、安田義定《やすだよしさだ》、和田義盛《わだよしもり》、岡部忠綱《おかべただつな》、狩野親光《かのうちかみつ》、宇佐美祐茂《うさみすけしげ》、土屋義清《つちやよしきよ》などが鎌倉を出撃して、遠江国浜松荘橋本《とおとうみはままつはしもと》（新居町橋本《あらい》）に向かった。下向《げこう》してくる平家勢をここで防ぐ作戦だった。いずれにしても鎌倉はかなりに手薄になった。

信太義広・木曾義仲の反旗

直後の同二十日、鎌倉に衝撃が奔《はし》った。常陸国信太荘（桜村《さくらむら》、美浦町《みほ》、阿見町《あみ》、土浦市《つちうら》）の信太義広が、甥の頼朝に対して反旗を翻したのである。鎌倉の兵力が手薄になったのを見越した上でのことだったらしい。

続いて急報が信濃方面から届いた。木曾義仲《きそよしなか》に不穏な動きがあるというのである。延慶《えんぎょう》本『平家物語』、長門《ながと》本『平家物語』は頼朝と不和になっていた行家を義仲が匿まってのこととし、『源平盛衰記《げんぺいせいすいき》』は武田信光《たけだのぶみつ》の讒言《ざんげん》があったとするが、いずれにしても木曾義仲に不穏な動きが感じられたのは間違いではなかったらしい。

とにかく鎌倉は、三方からの攻撃を覚悟しなければならなくなった。東北方の常陸国からの信太勢、西北方の信濃国の木曾義仲、そして西方東海道方面からの平家勢である。この三兵力が同時に鎌倉を攻めていたら、ことは重大だった。しかし三兵力の間に相互の連絡はなかったらしい。だからそれぞれが別々に動いた。

信太義広・足利忠綱の挙兵

地理的に一番近かった信太義広が、最初に動いた。三万余騎を率いて出陣し下野《しもつけ》国の藤姓足利忠綱《とうせいあしかがただつな》を与党に引き入れると、鎌倉に向けて南進しようとしたのである。

ところが野木宮《のぎのみや》（野木町）に、頼朝方の小山朝政《おやまともまさ》が待ち伏せていた。また鎌倉から蒲冠者範頼《かばのかじゃのりより》や長沼五郎宗政《ながぬまごろうむねまさ》なども、馳せ着けていた。さらに八田知家《はったともいえ》、小栗重成《おぐりしげなり》、宇都宮信房《うつのみやのぶふさ》、下河辺行平《しもこうべゆきひら》らも、四方八方から信太・藤姓足利の両勢に攻撃をかけた。

このとき注目されるのは、藤姓足利氏の庶流の足利七郎有綱、佐野太郎基綱、阿曾沼四郎広綱、木村五郎信綱、太田小権守行朝などが頼朝方として本宗《ほんそう》の藤姓足利忠綱を攻めたことである。

なおこれより以前、養和元年（一一八一）七月二十日、鶴岡《つるがおか》若宮宝殿の上棟《じょうとう》にさいして、佐野太郎忠家《さののたろうただいえ》が馬を曳いており、寿永元年（一一八二）正月元旦、鶴岡八幡宮に頼朝が奉納した神馬《しんめ》を佐野太郎忠家が曳いていた。つまり野木宮合戦よりかなり早い時期に頼朝の調略の手が藤姓足利氏の庶流に延びており、藤姓足利氏庶流はすでに頼朝の麾下にしたがっていたのである。だから野木宮合戦では佐野一族など藤姓足利氏庶流は、本宗の足利忠綱に刃向《はむ》かったのである。

いずれにしても信太・藤姓足利勢は、完膚ないまでに敗れ去った。信太義広は戦場を離脱して木曾義仲の麾下に身を投じた。藤姓足利忠綱は郎等《ろうどう》の桐生六郎《きりゅうろくろう》の許《もと》に潜んだが、やがて六郎に裏切られて死んだ。

木曾義仲和睦

なお信太・平家・木曾の三勢のうち、もっとも動くのが遅れたのは、信濃の木曾義仲勢だった。雪融けを待っていたので、遅くなったのだろう。

そして寿永二年四月頃、碓氷《うすい》峠《とうげ》あるいは長野の善光寺平《ぜんこうじだいら》附近で、頼朝直率の軍十万余騎が木曾義仲勢五万騎と対峙した。しかし木曾義仲が一子清水冠者義高《よしたか》を人質として頼朝に差し出し、頼朝が長女大姫《おおひめ》の許婚者《いいなずけ》として受け入れたことで和睦《わぼく》が成立している。

この野木宮合戦の前後を観望してみると、これも源平合戦ならぬ源源合戦だったとみられる。信太義広、木曾義仲はいずれも清和源氏だったからである。

「源源合戦」

そして源源合戦はなおも続いた。やがて木曾義仲と信太義広は、頼朝が差し遣わした義経軍に討ち取られたのである。このようにみると、いわゆる源平合戦の第二幕は源源合戦だったということかもしれない。

さらに壇《だん》ノ浦《うら》合戦で平家側として生け捕られた美濃前司則清《みののぜんじのりきよ》、源大夫判官季貞《すえさだ》は、ともに満政《みつまさ》流清和源氏だった。やがて頼朝に反逆して討死した源行家、同義経のことも思えば、平家滅亡の以後にまで源源合戦は続いたともみられる。源平合戦という語は、双方の総大将だった源頼朝と平清盛あるいは平宗盛に限ってしか通用しない語だったのである。

ところで「源平合戦」を反転させて、平家の側からみたらどうだろうか。

「平平合戦」

結論は簡単である。やはり「平平合戦」だったのである。

頼朝の指揮下にあった東国武士のうち、北条、三浦、畠山、河越、千葉、上総、江戸、岡崎、佐奈田《さなだ》、大庭《おおば》等々は、みんな血統的には桓武平氏《かんむへいし》だったからである。ちなみに野木宮合戦と関連の記述は、『吾妻鏡』で治承五年（養和元年）閏二月と同九月とにあるが、いわゆる「切り貼りの誤謬」であって、実際には『鎌倉遺文』六一七に「去寿永二年三郎先生義広発謀叛企闘乱」とあり、寿永二年でのことだったのは明らかである。

二人制

頼朝が御家人や雑色《ぞうしき》になにかをさせるとき、二人一組にした例が『吾妻鏡』にはきわめて例が多い。

使者は常に二人

治承四年（一一八〇）六月二十四日、挙兵を決意した頼朝は、軍勢催促のため安達藤九郎盛長《あだちとうくろうもりなが》と小中太光家《こちゅうたみついえ》の二人を、累代の御家人らの許に派遣した。養和元年（一一八一）七月二十一日、頼朝暗殺を謀った左中太常澄《さちゅうたつねずみ》の梟首《きょうしゅ》を、頼朝は和田義盛と梶原景時《かじわらかげとき》の二人に命じたが、直後、景時を呼び戻し、かわりに天野平内光家《あまのへいないみついえ》を差し遣わした。常澄を梟首したのは、和田義盛と天野光家の二人だった。

元暦元年（一一八四）正月二十日、木曾義仲を攻めた軍勢の大将軍は、範頼と義経の二人だった。続いて同二月七日、一《いち》ノ谷《たに》を攻めた軍勢でも、範頼と義経の二人が大将軍だった。

同二月十八日、源氏軍が占領していた播磨《はりま》、美作《みまさか》、備前《びぜん》、備中《びっちゅう》、備後《びんご》の五ヵ国の守備を、頼朝は梶原景時と土肥実平の二人に命じている。

文士と武士の二人

文治元年（一一八五）二月五日、畿内近国での武士の狼藉《ろうぜき》停止のため、頼朝は典膳《てんぜん》大夫中原久経《なかはらのひさつね》と近藤七国平《こんどうしちくにひら》の二人を派遣した。ちなみに久経は「文筆に携《たずさ》わる」人物で、国平は「勇士」だった。久経と国平の場合は、いわば文士と武士との組み合わせだった。

同六月二十一日、平宗盛《たいらのむねもり》・清宗《きよむね》父子が処刑されたが、その実検使《じっけんし》は橘《たちばなの》右馬允《うまのじょう》公長《きみなが》と浅羽荘《あさばのしょう》司《じ》宗信《むねのぶ》の二人だった（同七・二条）。

同九月二日、勝長寿院《しょうちょうじゅいん》の荘厳具《しょうごんぐ》奉行《ぶぎょう》として、義勝房成尋《ぎしょうぼうじょうじん》と梶原景季《かじわらかげすえ》の二人が上洛した。これも、文士と武士の組み合わせといえるかもしれない。

その他の二人制

同十二月七日、御使として雑色《ぞうしき》浜四郎と一条能保《いちじょうよしやす》の下部《しもべ》黒法丸の二人が上洛したが、浜四郎が途中で病気になったので、同十六日、かわりに雑色の鶴次郎と生沢《いくさわ》五郎《ごろう》の二人が上洛した。

文治二年三月六日、静御前《しずかごぜん》を取り調べたのは藤原俊兼と平盛時の二人だった。同十月一日、頼朝の朝廷宛ての書状は、原則として大江広元《おおえのひろもと》・平盛時《もりとき》の二人のうちのいずれかの奉書とすることになった。

奥州合戦直後の文治五年十一月八日、葛西三郎清重《かさいのさぶろうきよしげ》は奥州総奉行として陸奥《むつ》国に残された（建久六・九・二十九条）。同六年三月十五日、伊沢左近将監家景《いえかげ》が陸奥国留守職に任じられた。陸奥国の占領行政は、葛西清重と伊沢家景の二人に委ねられたのである。

幕府の二人制

頼朝が生きていた時期を概観しただけでも、以上のように「二人制」の例は多い。そして鎌倉幕府では、頼朝の死後にも「二人制」はきわめて例が多い。

鎌倉では執権が一人だったこともあるが、基本的には両執権《しっけん》制（執権・連署《れんしょ》制）が原則だった。六波羅探題《ろくはらたんだい》も一人のこともあったが、やはり原則は南・北の二人探題だった。蒙《もう》古《こ》襲来で新設された鎮西《ちんぜい》奉行も、東方奉行の大友頼泰《おおともよりやす》と西方奉行の少弐資能《しょうにすけよし》の二人制で、永仁元年（一二九三）に新設された鎮西惣奉行所（鎮西探題）も、北条兼時と同時家の二人制だった（『実躬卿記《さねみきょうき》』永仁元・三・七条、同元・四・七条）。

鎌倉幕政のいたる所で頻見される「二人制」に、どのような意味があったのだろうか。

わずかに文士と武士との組み合わせの例も見られたが、雑色二人の場合にはあてはまらないだろう。また一人だけの例も少なくはないが、それとの区別も問題である。

なお源平合戦掉尾《とうび》の頃の諸合戦では、総大将は範頼と義経の二人制だった。これを文士と武士との組み合わせの一例と見做すと、木曾攻め、一ノ谷合戦、壇ノ浦合戦などで義経の活躍ばかりが目立っていて、範頼の影が薄い理由も理解できそうである。一見、華やかな合戦は「武士」義経が担当し、範頼は占領行政などを担当した「文士」だったのである。

なお『吾妻鏡』を座右《ざゆう》の書としたという徳川家康が老中《ろうじゆう》二人制、江戸と大坂の町奉行二人制としたことなどは、『吾妻鏡』の影響からだったのだろうか。

鎌倉幕府の組織原理——一揆と独歩

鎌倉幕府の性格

「鎌倉幕府」の成立時期の問題についてきわめて多くの説がある。もっとも知られているのが、〝日本最初の武家政権〟というものであろうが、直前に六波羅平氏政権もあったのだから、「最初」ではないとも反論できるし、大江広元、三善康信《みよしやすのぶ》などの文士も幕閣中枢にいたのだから、「武家政権」ですらないと反論することも可能である。

そのようなところから、鎌倉時代の幕府御家人たち自身が、「鎌倉幕府」をどのようなものとみていたのだろうかという問題も生じてくる。昭和・平成という現時点からみての事実はどうあれ、御家人たち自身の意識を探ってみると、次のようである。

「独歩」の思い

比企能員《ひきよしかず》が追討《ついとう》されたのは、『吾妻鏡』によれば「独歩の志」を挿《さしはさ》んだからだった（建仁三・八・二十七条）。三浦泰村《みうらやすむら》が討たれたのも、「独歩の余り」だった（宝治元・五・二十一条）。

『平家物語』で「鼓判官《つづみほうがん》」として知られる平知康《ともやす》は、鎌倉に下向して二代将軍頼家の側近になっていたが、北条政子から、

知康、独歩の思いをなすこと、はなはだ奇怪《きっかい》なり

と、いわれている（建仁二・六・二十六条）。

以上の例から「独歩」というのは、幕府後家人の社会では、非常に悪いことと意識されていたことが判る。比企能員や三浦泰村の例が示すように、ときには幕府に追討されても当然というほど悪いことだったのである。

ところで挙兵直前の治承四年（一一八〇）八月六日、頼朝は麾下の武士たちを一人ずつ召し出して、それぞれに次のような言葉をかけている。

独歩の思いを禁ぜらるるといえども、家門草創の期にいたるまで、諸人の一揆を求む。

つまり「独歩」の反意語は「一揆」だったのである。

「一揆」の用例

『吾妻鏡』での「一揆」という語の用例を抜き書きすると、次のようである。

a　前記、挙兵直前の頼朝は、麾下の武士たちの「独歩」をしないで、「一揆」することを命じていた（治承四・八・六条）。

b　まだ東国が「一揆」していない情況の下で、新田義重は自立を図って、上野国寺尾城（高崎市寺尾町）に兵を集めていた（治承四・九・三十条）。

c　清和源氏佐竹家の郎従岩瀬《いわせ》与一《よいち》が、頼朝方の捕虜となって頼朝を諫め、「国敵を相手として戦うのならば天下の勇士が『一揆』するだろうが、同族の佐竹氏を攻めたのはよくない」とした（治承四・十一・八条）。

d　西国遠征中の範頼から頼朝への戦況報告のなかで、兵粮《ひょうろう》欠乏などのため麾下の士気が衰え、軍士らが「一揆」しないとあった（文治元・正・六条）。

e　西国遠征中の範頼が、兵粮欠乏などのため、軍士らに変意があって「一揆」しないと頼朝に書き送ってきた（文治元・二・十四条）。

f　鎮西奉行天野《あまの》遠景《とおかげ》が貴賀井島《きかいがしま》攻撃のため鎮西御家人を催兵したが、彼らが「一揆」しなかったので無勢だと頼朝に報告してきた（文治四・二・二十一条）。

g　承久《じょうきゅう》の乱《らん》勃発にさいして大江広元が、東士が「一揆」しないで防戦の構えだけだったら敗れるから、とにかく攻勢に出よと発言した（承久三・五・十九条）。

h　将軍御所への落雷について幕閣の要人たちの意見は、吉凶の占いをすべしということに「一揆」した（寛喜二・六・十四条）。

i　五大堂明王院建立の地の方角を校量《きょうりょう》し、諸人の意見が〝憚《はばか》りなし〟と「一揆」した（寛喜三・十・十六条）。

j　従来の幕府の判例は、両段にわたって「一揆」していなかった（貞永元・五・十四条）。

k　将軍御所の建て替えにさいして、旧御所の取り毀しが五月でよいか否かの陰陽師《おんみょうじ》たちの勘申《かんじん》が「一揆」しなかった（建長四・四・二十九条）。

以上の「一揆」という語の一一例のうち、意見や占いの結果が〝一致〟するという意味のものが四例で、他はすべて〝結集〟とか〝団結〟というような意味で用いられている。つまり『吾妻鏡』の執筆者たち幕府御家人は、日本史上で最初の幕府を、自分たち東国武士たちが結集団結したもの、やや現代的にいえば〝東国武士たちの組合〟のようなものと考えていたことになる。

そうとすれば「独歩」というのは、〃組合からの離脱〃、〃組合から抜け出る〃というような意味になる。もちろん〃組合から抜け出る〃ということは、幕府という組織への背反《はいはん》になるから、当然、御家人社会ではとんでもない悪事だったのである。

「独歩」の罪状

なお承久の乱後、京方与力《よりき》の者たちに対する処置の基本方針は、「疑刑《ぎけい》は軽きに従うべきの由、和談を経て四面の網三面を解く」というように、寛大にすることになっていた（承久三・六・十六条）。

しかし後藤基清《ごとうもときよ》、五条有範《ごじょうありのり》、佐々木広綱《ささきひろつな》、大江能範《よしのり》など、もともと「関東被官の士」（幕府御家人）で京方に与力した者に対しては、次のような考え方で、きわめて厳しいものだった。

右大将家（頼朝）の恩を蒙って数箇の荘園を賜わり預り、右府将軍（実朝）の挙によって五品の位階に達し昇る。たとえ勅定を重んずといえども、なんぞ精霊の照らすところに恥じざらんや。たちまちに彼の芳躅《ほうたく》を変じて遺塵《いじん》を払わんと欲す。すこぶる弓馬《きゅうば》の道にあらざるか。

つまりは、東国武士たちの一揆である幕府に離反したから、とくに厳罰に処するということだったのである。

鎌倉幕府は東国武士たちの一揆

従来、「鎌倉幕府」というものの理解について、頼朝と御家人たちとの間の主従関係に焦点が合わされていて、いわゆる御恩と奉公という観点が主だった。しかし今後は、東国武士たち自身が考えていた「鎌倉幕府」＝東国武士たちの一揆という観点からも再検討する必要があるのかもしれない。だいたい「御恩」「奉公」「忠義」などという語は、『吾妻鏡』にはない。「鎌倉幕府」というものを、そろそろ見直すべきではないだろうか。

鎌倉幕府の成立時期

なお〝いつ鎌倉幕府は成立したのか〟という問題については、以下のようにいくつかの説がある。

① 建久三年（一一九二）七月十二日、頼朝が征夷大将軍《せいいたいしょうぐん》になった（塙保己一）。
② 建久元年（一一九〇）十一月、頼朝が右大将になった（八代国治氏）。
③ 元暦元年（一一八四）十月、公文所《くもんじょ》・問注所《もんちゅうじょ》が成立した（三浦周行氏）。
④ 文治元年（一一八五）十一月、守護・地頭《じとう》設置が勅許された（牧健二氏）。
⑤ 寿永二年（一一八三）十月、十月宣旨で頼朝が東国沙汰権を得た（佐藤進一氏）。

以上の学説は、三浦氏のものを除くと、他はすべて頼朝と京都朝廷との関係を問題としている。そのような観点に立てば、以上の諸学説はすべて正しいということかもしれない。しかし「鎌倉幕府」は東国武士たちが自主的に結集団結（一揆）したもので、全員が頼朝を「鎌倉殿」として推戴《すいたい》したのだという観点からすれば、京都朝廷との関係は二の次あるいは三の次ということになる。

また〝東国武士の一揆が鎌倉幕府である〟という観点からは、その成立は治承四年（一一八〇）十二月十二日の亥ノ刻ということになるのではないだろうか。その夜、東国武士三一一人が新造の御亭《おんてい》（大蔵御所）に集結して、頼朝を推して「鎌倉の主」としたからである。

悪口の罪

やや横道に逸れるかの観があるが、鎌倉幕府法には「悪口《あっこう》の咎《とが》」に関するものが若干ある。「貞永式目《じょうえいしきもく》」の一二条は、次のようである（『中世法制史料集』上）。

一、悪口の咎のこと

右、闘殺のもとは悪口より起る。それ重きは流罪に処せられ、その軽きは召しこめらるべきなり。問注《もんちゅう》のとき悪口を吐かば、すなわち論所《ろんしょ》を敵人に付けらるべし。また論所のこと、その理なくんば、他の所領を没収せらるべし。若《も》し所帯なくんば、流罪に処せらるべし。

また仁治三年（一二四二）正月十五日に出された「新御成敗状《しんごせいばいじょう》」にも、悪口は次のように禁じられている。

一、悪口、謀書《ぼうしょ》、他人の妻を懐抱《かいほう》すること、罪人を扶持《ふち》すること、召人《めしうど》を逃がし失なうこと。

右、御式目の状にまかせ、流刑にいたし、あるいは所職を改むべし。

さらに寛元二年（一二四四）十月九日に決定し、同四年閏四月二十日に奉行たちが起請《きしょう》文《もん》を提出した追加法にも、悪口は次のように禁じられていた。

一、悪口狼藉人のこと

右、不当の族《やから》、若し違乱すといえども、さらに返咎すべからず。すべからく事の由を申し、かつうは其の身を改罪し、かつうは所職を改易すべし。

また和田氏の乱のさいの政所《まんどころ》前合戦で先陣の大功を樹てた波多野《はたの》中務丞忠綱《ただつな》が、論功行賞の席上で三浦義村《よしむら》を「盲目たるか」と悪口したので、「罪科に准ずべし」とされて、折角《せっかく》の先陣の大功に対しても、ついに行賞されなかったという例もある（建保元・五・四、同七条)。

このように悪口の咎に対する処罰が厳しかったのも、幕府が御家人たちの結集団結した「一揆」だったからであろう。その団結が毀《こわ》れるのを、鎌倉幕閣は恐れていたのである。

いずれにしても幕府の成立時期を考えるのに、京都朝廷の許可が必要だったという観点は、私にはひどく古臭いものを感ずる。

有力御家人の排除——平均化政策

石橋山敗戦後、頼朝が房総半島西岸を北上して隅田川近くまで来たとき、上総《かずさ》権介《ごんのすけ》広常《ひろつね》は上総国の「周東《すとう》、周西《すさい》、伊南《いなん》、伊北《いほう》、庁南《ちょうなん》、庁北《ちょうほく》の輩らを催し具して二万騎を率いて」、頼朝の麾下に参じてきた（治承四・九・十九条）。

上総介広常誅殺

二万騎もの大軍を麾下に擁していた大豪族広常は、寿永二年（一一八三）十二月二十二日、頼朝の密令を受けた梶原景時《かじわらかげとき》に斬殺された。『吾妻鏡』には寿永二年の分が抜けているので、この事件については言及されてはいない。しかし『続群書類従《ぞくぐんしょるいじゅう》』所収「千葉系図」の広常の項に、次のような詳述がなされている。

梶原景時、しば〳〵広常を讒《ざん》す。頼朝、これを信ず。景時に命じて、これを殺す。寿永二年十二月廿二日、広常と景時と双六《すごろく》す。景時、不意に乗じて剣を抜き、急ぎ広常の首を撃断す。

同じ「千葉系図」の広常の子良常《よしつね》の項にも、次のように記されている。

寿永二年十二月廿二日、鎌倉において殺さる。

誅殺の理由

のちに上洛した頼朝が、この事件について後白河法皇に次のように語ったと、『愚管抄《ぐかんしょう》』に記されている。

介ノ八郎ヒロツネト申候シ者ハ東国ノ勢人。頼朝、ウチ出候テ君ノ御敵シリゾケ候ハントシ候シハジメハ、ヒロツネヲメシトリテ、勢ニシテコソカクモ打ヱテ候シカバ、功アル者ニテ候シカド、オモヒ廻シ候ヘバ

「ナンデウ朝家ノ事ヲノミ身グルシク思ゾ。タダ坂東ニカクテアランニ、誰カハ引ハタラカサン」

ナド申テ、謀反心ノ者ニテ候シカバ、カカル者ヲ郎従ニモチテ候ハバ、頼朝マデ冥加候ハジト思ヒテ、ウシナヒ候ニキ。

景時が広常を讒言したのが原因だとする「千葉系図」の解釈は、もちろん間違っている。

景時の讒言を、頼朝が軽々に信ずるはずはないからである。

『愚管抄』で後白河法皇に語ったというので記されている頼朝の本意というのも、法皇への忠誠心を披瀝しようという頼朝一流の外交上の表現であって、事実ではないだろう。『愚管抄』の筆者慈円《じえん》も、これに続けて、

　コノ奏聞《そうもん》ノヤウ誠ナラバ、返々《かえすがえす》マコトニ朝家ノタカラナリケル者カナ。

と記して、軽い疑念を洩らしている。

広常のふるまい

広常が頼朝の麾下に入ったとき、頼朝の「形勢、高喚《こうかん》（峻）の相なくんば、直《ただち》に討取って平家に献ずべし」と、広常は二図の野心を秘かに抱いていた（治承四・九・十九条）。その二図の野心が露顕して、頼朝に誅殺《ちゅうさつ》されたのだろうか。

養和元年（一一八二）六月十九日、頼朝が三浦半島の佐賀岡（葉山《はやま》町一色《いっしき》海岸）を訪れたとき、出迎えに出た広常は、馬上で軽く敬屈《きょうくつ》しただけだった。これを三浦十郎義連《みうらのじゅうろうよしつら》が咎めて、下馬の礼をとるように注意されると、広常は、

　公私ともに三代の間、いまだその礼をなさず

として、下馬の礼をとるのを拒絶した。

その直後、頼朝が垢付きの水干を脱いで岡崎四郎義実《おかざきのしろうよしざね》に与えると、広常は嫉妬して義実と口論した。その間、まだ主君としての権力を確立していなかった頼朝は、双方を宥《なだ》めることもできず、一言も発することはなかった。そのときの無念の想いが、かつて傍若無人だった広常誅殺につながったのだと解する向きもあるかもしれない。

東国武士の独立性

なお広常が殺された寿永二年の暮頃、天下の形勢は大きく動いていた。七月二十五日には平家が都落ちをし、直後に頼朝と覇を競っていた木曾義仲が入京し、駿河・遠江両国に割拠していた甲斐源氏《かいげんじ》の安田義定は、入京し木曾勢の一翼になっていた。このまま鎌倉にいたら、頼朝は時勢に取り残されそうな情況だった。

しかし頼朝は、すぐには出撃命令を出せなかった。過去の約三年間、頼朝麾下の御家人たちは平和に安住して、「タダ坂東ニカクテアランニ、誰カハヒキハタラカサン」ということだったのである。東国に割拠自立して安逸を貪《むさぼ》ろうという広常ら多数の御家人たちを西国に出陣させるために、頼朝にできる一策は、出撃拒否論の棟梁広常を倒すことしかなかったのだという解釈もできる。

本当のところ、頼朝が広常を倒したのは何故だったのだろうか。なにを目的にしていたのだろうか。

なお寿永元年十二月三十日、上総国の御家人周西次郎助忠などの多くが本領安堵《あんど》されたと、『吾妻鏡』に記されている。これは切り貼りの誤謬の一例で、実際には寿永二年十二月三十日のことだった。広常麾下の二万騎が、広常事件に連座していたのが、この日に許されて本領安堵されたということである。

この広常麾下の二万騎が、広常事件直後に本領安堵されたということは、広常事件の真相に強く結び付いていると思うが、詳しくは後述する。

安田義定・義資の誅殺

建久四年（一一九三）十一月二十八日、頼朝は甲斐源氏武田一族の領袖《りょうしゅう》安田義資が、永福寺《ようふくじ》薬師堂の供養のさいに幕府の女官に艶書《えんしょ》を投じたという咎で梟首にし、翌五年八月十九日、その父安田義定が反逆を企図したとして、これまた梟首にしている。

ちなみに北条義時も、安田義資と同様のことをしたことがあった。比企朝宗の娘で幕府の女官だった姫ノ前に、一、二年間ほどの間、しきりに艶書を書き送ったのである。そして建久三年九月二十五日、そのことを知った頼朝は、義時と姫ノ前とを結婚させている。

安田義資の場合と北条義時の場合とにおいて、まったく反対の対応を頼朝がしたのは、何故だったのだろうか。

義資は大豪族だったが、まだ義時は小土豪だった。なによりも義資は清和源氏だというだけで、頼朝と近い血縁関係にあったわけではなかったが、義時は頼朝の義弟にあたる存在だった。

かつて安田義定・義資父子は、木曾義仲の与力だった。また義資が艶書を女官に投じたのは、永福寺薬師堂の落成供養の儀式のさいだった。

ほぼ同じようなことをした義資と義時に対して、まったく異なる対応を頼朝がしたのは、いったいなにが原因だったのだろうか。

一条忠頼の誅殺

また甲斐源氏武田一族で安田義定と肩を並べるほどの大豪族だった一《いち》条《じょう》次郎忠頼《じろうただより》も、「威勢を振るうの余りに、世を濫《みだ》るの志を挿《さしはさ》む」ということで、元暦元年（一一八四）六月十六日、大蔵御所の西侍《にしさぶらい》で天野藤内遠景に誅殺されている。

ところで直後の同十八日、忠頼の家人《けにん》だった甲斐小四郎秋家《かいのこしろうあきいえ》が、歌舞の曲に堪《たえ》うるの者だということで召し出されて、幕府御家人になっている。秋家は、以降、幕閣の重事に次々に参画するようになる。同年十月六日には公文所《くもんじょ》の寄人《よりうど》であり、文治元年（一一八五）四月十三日には公文所所司、同九月五日には政所所司、文治三年十月二十九日には大江広元らと共に政所下文に連署している。

これら一連の誅殺事件に、なにか共通点があるだろうか。

有力御家人「族滅」の実態

頼朝の死後、梶原景時、比企能員、畠山重忠、和田義盛と、相次いで大豪族御家人が倒されていった。頼朝存生中の上総介広常、安田義定・義資父子、一条忠頼の事件をも含めてこれら一連の事件を、幕府における大豪族抑圧策と見る向きが、現在ではかなり一般的である。しかし、それだけのことだったのだろうか。

上総介広常が倒された後、その麾下にあった周西二郎助忠などは本領安堵されている。一条次郎忠頼の死後、その家人甲斐小四郎大中臣秋家は召し抱えられ、やがては政所の所司にまで取り立てられている。

これら一連の事件を単に大豪族抑圧策と解するのは、まさに事件の一面しかみない見方で、倒された者がある反面、その麾下にあった者たちが御家人に取り立てられていたのである。

のち二代将軍頼家は、御家人たちが源平合戦期より以降に得た新恩地のうち、一人ごとに五〇〇町を超えた分を没収し、無足《むそく》の近仕たちに与えるという策を、大江広元に諮問《しもん》している（正治二・十二・二十八条）。

かつて広常を倒し広常麾下の周西助忠などを直接に御家人として自分の麾下に把握した頼朝のやりかたは、頼家の樹《た》てた案と考え方が共通しているように思われる。「大」を挫《くじ》いて「小」を助けるということで、これを私は〝平均化政策〟と呼びたいと思う。

かつて梶原、比企、畠山、和田など、頼朝没後に起こった諸乱は、しばしば「族滅」という語で表現され、一族全員が死に絶えたかのような印象を与え、さらに〝大豪族抑圧策〟と呼ばれたりしていた。しかし梶原事件の後、景時の弟友景（朝景）は、和田合戦のときまで生きていた（建保元・五・六条）。比企事件の後、能員の末子大学三郎能本《だいがくさぶろうよしもと》は生きていて、鎌倉に妙本寺《みょうほんじ》を開創している（『新編鎌倉志』妙本寺の項）。畠山事件のさいにも重忠の弟長野三郎重清、同六郎重宗は生き残っていた（元久二・六・二十二条）。和田氏の乱後、義盛の弟宗実の系統が越後国奥山荘《えちごおくやま》（黒川村《くろかわ》、中条町《なかじょう》など）に蟠踞《ばんきょ》していたことは有名で（「中条文書」）、三浦氏の乱後、佐原《さはら》流三浦氏が本宗の跡を嗣立《しりつ》していたこともよく知られている（宝治元・六・五条）。

ある一族が一人残らず死に絶えるというような「族滅」は、実際には一例もなかったのである。それどころか頼朝・頼家以来の平均化政策が、歴代の北条得宗家にも受け継がれていたかもしれない。本宗家が倒されても、その跡を庶家が嗣立した三浦氏の場合などは、まさに平均化政策の一例だといえるかもしれない。

実朝暗殺

実朝暗殺事件と鶴岡二十五坊

実朝暗殺現場

承久元年（一二一九）正月二十七日、鶴岡八幡宮寺《つるがおかはちまんぐうじ》で三代将軍実朝《さねとも》が、同宮寺の別当《べっとう》公暁《くぎょう》に暗殺された。

この事件については、不可解なことが多い。白雪が二尺余も積っていたのに、血刀と実朝の生首を持った公暁が、一度は追跡を免れて姿をくらますことができたということなどが、それである。

また事件に関する史料はきわめて多いのだが、同時に諸本に多くの相異があることにも注目される。

凶行があった場所について、『吾妻鏡』は「石階之際」、『承久軍物語《じょうきゅういくさ》』は「石はしに

鶴岡八幡宮の模型
天正年間（1573～92）の絵図をもとに復元（神奈川県立博物館所蔵）

近づかせ給ふ時」、『承久記』は「若宮ノ石橋ノ辺ニ近ヅカセ給フ時」、『愚管抄《ぐかんしょう》』は「宝前ノ石橋ヲクダリテ扈従《こしょう》ノ公卿列立シタル前ヲ揖《ゆう》シテユキケルトキ」、『保暦間記《ほうりゃくかんき》』は「石橋ヲ上リ給ウヲ」、『鶴岡八幡宮寺社務職次第』は「石橋中」、『梅松論《ばいしょうろん》』は「石橋」としているのに対し、『仁和寺日次記《にんなじひなみき》』『百錬抄《ひゃくれんしょう》』『六代勝事記《ろくだいしょうじき》』『皇帝紀抄《こうていきしょう》』は「社壇《しゃだん》」としている。

共犯はいたのか

史料相互の間には、このほかにも多くの相違があるが、公暁の単独犯行とするのは、『皇帝紀抄』『増鏡《ますかがみ》』『保暦間記』『皇代暦《こうたいりやく》』『梅松論』で、『承久記』は「美僧三人」、『承久軍物語』は「ひそう三人」、『愚管抄』は「三・四人、ヲナジヤウナル者ノ出キテ、供ノ者ヲイチラシ」たとし、『鶴岡八幡宮寺社務職次第』は、「同意供僧三人」があったとしている。

そして『吾妻鏡』は、犯行そのものは公暁の単独かのように記述しているが、直後の同二十九日、次の鶴岡八幡宮寺の供僧五人が召し出されて、取り調べられている。

弁法橋定豪

安楽房法橋重慶

頓覚房良喜

花光房尊念

南禅房良智

翌三十日、同宮寺の供僧二人が、新しく取り調べられた。

和泉阿闍梨《あじやり》重賀

勝円阿闍梨

翌二月一日、供僧一人が、さらに取り調べられた。

浄意房豎者《じゅしゃ》良祐

いずれも公暁に加担したという嫌疑はすぐに晴れた。しかし同宮寺の供僧たちは、かなりの疑いの目で、幕閣の重臣たちから見られていたようである。

共犯とされた僧たち

そして『鶴岡八幡宮寺社務職次第』には、次の三人が「同意供僧」として所職を改替《かいたい》されたと記されている。

良祐

頼信

良弁

また『鶴岡八幡宮寺供僧次第』には、次の四人が「公暁別当与力」の咎で、所職を改替されたと記されている。

静慮房豎者良祐

円乗房律師顕信

実円房律師猷弁

乗蓮房阿闍梨良弁

『社務職次第』で所職を改替されたとある良祐、頼信、

鶴岡八幡宮

良弁の三人は、『供僧次第』の静慮房豎者良祐、円乗房律師顕信、乗蓮房阿闍梨良弁のことだろう。「頼信」は、「顕信」の誤記と思われる。

なお鶴岡八幡宮寺の供僧たちの出自や経歴は、『鶴岡八幡宮寺供僧次第』に簡潔に記されている。取り調べられた八人の出身は、次のようである。

永厳房法橋定豪—民部権少輔源延俊の息
安楽房法橋重慶—平家一門
頓覚房律師良喜—平家一門
花光房僧都尊念—平家一門
南禅房律師良智—平家一門（重衡の息）
善松房阿闍梨重賀—不明
蓮華房阿闍梨勝円—二条殿の息
浄意房豎者良祐—平家一門

永厳房法橋定豪の父民部権少輔の源延俊は醍醐《だいご》源氏で、『尊卑分脈《そんぴぶんみゃく》』には延俊の末子として、たしかに定豪の名が記されている。「二条殿ノ息」という蓮華房阿闍梨勝円については、明確なことは判らない。なお松殿流藤原基房の子孫について、『尊卑分脈』に「基房―師家―基嗣―勝円」とあるが、これだろうか。

幕閣から公暁与力の嫌疑をかけられて取り調べられた八人の供僧のうち、五人までが平家一門だった。そして平家一門の四人までが、実際に公暁に与力していたのである。公暁与力の咎で所職を改替された四人の供僧の出自は、次のようである。

静慮房豎者良祐―平家一門

実円房律師猷弁―平家一門

乗蓮房阿闍梨良弁―平家一門

円乗房律師顕信―平家一門（教盛の息）

この四人が所職を改替された後、辿った運命については、まったく判らない。

二十五坊の供僧の出自

いずれにしても鶴岡八幡宮寺の供僧たちのなかには、平家一門の者が多いことが判ったので、同宮寺の二十五坊《にじゅうごぼう》の供僧の初代について、供僧に補《ぶ》任《にん》あるいは就任した年月日、法流、坊名、これを推挙した（平家一門の場合には捕らえた）御家人の名前、当人の出自などを表に示した。なお重賀は善松房の二代目なので、表には現われない。

また各坊の所在地については『鶴岡八幡宮寺供僧次第』に記されている。林東坊につい

鶴岡八幡宮二十五坊初代供僧表

補任年	月・日	供僧名	法流	坊名	推挙者	出自
養和元年(1181)	10月16日	行勇	寺門	慈月坊		四条殿の息
元暦元年(1184)	5月18日	定暁	寺門	千南坊		平時忠一門
文治元年(1185)	11月10日	勝円	寺門	蓮華坊	足利義兼	二条殿の息
文治二年(1186)	正月19日	重衍	寺門	善松坊		閑院公重の息
文治四年(1188)	8月12日	真弁	東門	智覚坊	梶原景時	平氏一門
文治五年(1189)	6月23日	良弁	寺門	乗蓮坊	佐々木高綱	平氏一門
建久元年(1190)	8月	重慶	寺門	安楽坊	畠山重忠	平氏一門
建久二年(1191)	2月	隆宣	寺門	真智坊		大方政家の息
建久二年(1191)	3月3日	定豪	東寺	永厳坊		源延俊の息
建久二年(1191)	3月16日	朝豪	東寺	密乗坊	畠山重忠	近衛道経の孫
建久三年(1192)	4月5日	猷弁	山門	実円坊	北条義時	平氏一門
建久三年(1192)	7月20日	良喜	山門	頓覚坊	北条時政	平氏一門
建久三年(1192)	8月11日	義慶	山門	宝蔵坊		平忠度の弟
建久五年(1194)		良稔	東寺	永乗坊		平氏一門
建久七年(1196)	3月18日	永秀	寺門	文恵坊	梶原景時	関白殿の孫
正治元年(1199)	以前	行耀	山門	林東坊	畠山重忠	平氏一門
正治元年(1199)		良祐	寺門	静慮坊	北条時政	平氏一門
正治元年(1199)		良智	寺門	南禅坊		平重衡の息
正治元年(1199)	2月5日	尊念	寺門	華光坊	北条時政	平氏一門
正治二年(1200)	3月7日	忠尊	東寺	仏乗坊		藤原忠通の猶子
正治二年(1200)	12月20日	顕信	東寺	円乗坊		平教盛の孫
建暦三年(1213)	4月18日	良成	寺門	南蔵坊	足利義兼	
建保二年(1214)	3月15日	仲円	寺門	悉覚坊	北条時政	平氏一門
建保五年(1217)	7月20日	円信	寺門	座心坊	北条時政	平盛継の息
貞応二年(1223)	以前	盛慶	寺門	寂静坊		平氏一門

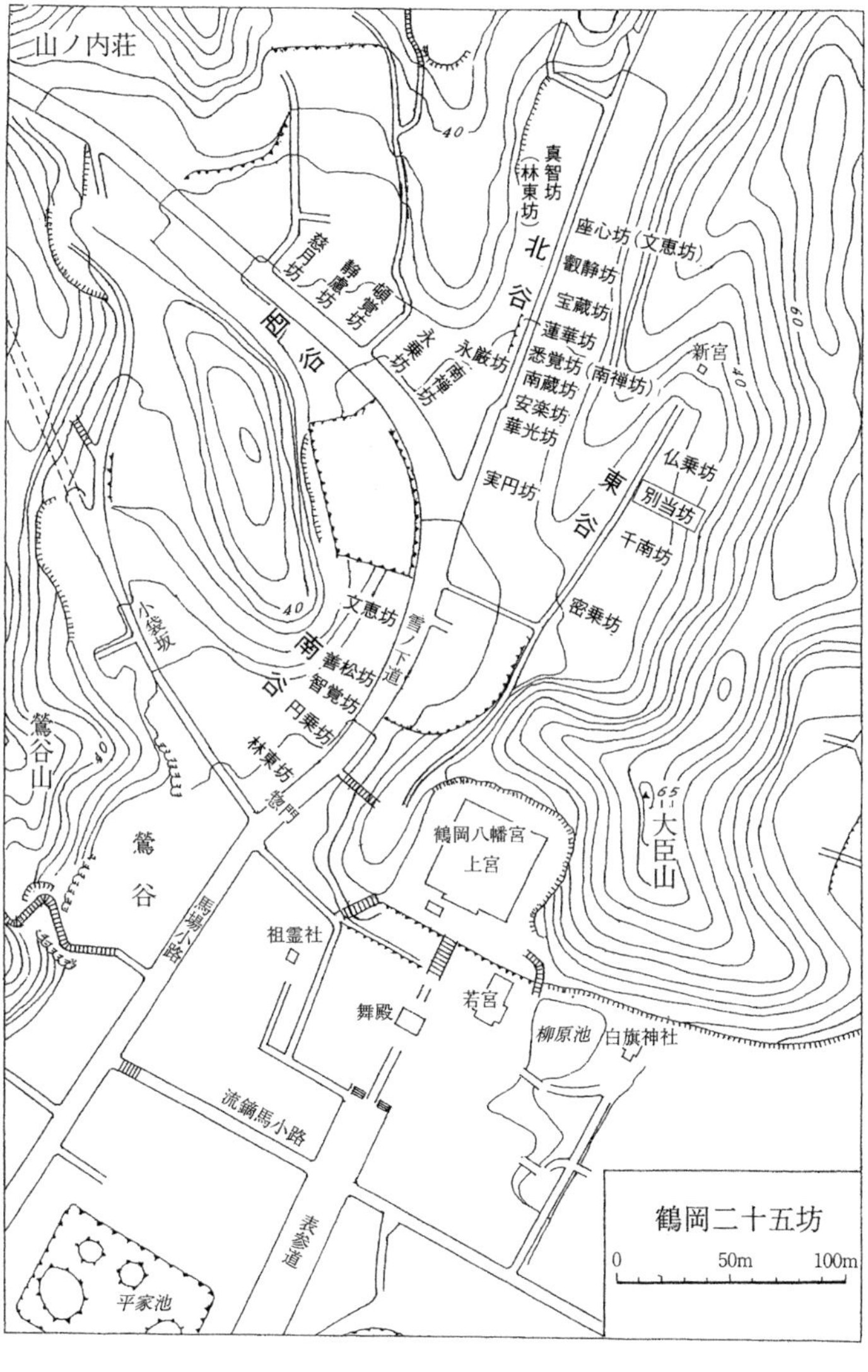
山ノ内荘
真智坊（林東坊）
座心坊（文恵坊）
觀静坊
宝蔵坊
蓮華坊
悉覚坊（南禅坊）
南蔵坊
安楽坊
華光坊
実円坊
北谷
西谷
東谷
南谷
慈月坊
静慮坊
頓覚坊
永乗坊
永厳坊（南禅坊）
新宮
仏乗坊
別当坊
千南坊
密乗坊
文恵坊
善松坊
智覚坊
円乗坊
林東坊
雪ノ下道
八幡坂
惣門
鷲谷山
鷲谷
鶴岡八幡宮
上宮
大臣山
馬場小路
祖霊社
舞殿
若宮
柳原池
白旗神社
流鏑馬小路
表参道
平家池
鶴岡二十五坊
0
50m
100m

ては「西石橋前角之地」とあり、悉覚坊については「北谷第五番、蓮花坊之下」とあったりしているので、図のように推定した。

ちなみに鶴岡八幡宮寺の西北隣の地は、大きくは御谷《おやつ》といい、東・西・南・北の四谷に分かれていた。このうち東谷《ひがしがやつ》・西谷《にしがやつ》・北谷《きたがやつ》の三谷は突き当たりが山で、同宮寺西側を南北する馬場小路《ばばこうじ》北方の雪ノ下通が南谷《みなみがやつ》で、その南端、小袋《こぶくろ》坂道に入る地点のすぐ北側に惣門が置かれていた。つまり御谷は東西南北がすべて封鎖されていたことになる。

その御谷に置かれた同宮寺の供僧坊は、二十五菩薩になぞらえて、頼朝が二十五坊と定めたと伝承されている。その二十五坊は、養和元年（一一八一）十月十六日に行勇《ぎょうゆう》が慈月坊に供僧《ぐそう》として着任したことから始まって、完成したのは貞応二年（一二二三）より以前に盛慶が寂静坊に入ったときだった。

二十五坊の初代の供僧は、一六人までが平家一門だった。残り九人についても、平家の関係者ではないと、判明しているわけではない。とにかく御谷の地は、まさに平家の巣窟だったのである。

平家の後裔たち

平家の滅亡後、平家一門の残党や関係者は、各地で捕らえられたのだろう。そのうち宗盛《むねもり》・清宗《きよむね》父子（文治元・六・二十一）、宗盛の子息ら

（同元・十二・十七）などは斬られた。しかし少なくとも一六人は斬られず、鶴岡八幡宮寺の供僧となって、御谷にいたのである。

平家が滅び去った後では、捕らえた平家一門まで殺す必要はない。しかし野放しにしておくわけにもいかない。ということから同宮寺の供僧として御谷に閉じ込めておいて、滅び去った平家の怨霊の祟りなどを、避けようということだったのかもしれない。

平家の残党に対する頼朝の基本的方針が、こんなところで看取されるのかもしれない。

『吾妻鏡』の嘘

実朝暗殺の動機

承久元年（一二一九）正月二十七日、鶴岡八幡宮寺で、三代将軍実朝が同宮寺別当公暁に暗殺された。凶行現場などについて、きわめて多くの異説があって、真相の解明もかなり困難である。

凶行の直後、公暁が「父の敵《かたき》を討ったり」と名謁したと『吾妻鏡』『承久軍物語』にあり、「親の敵はかく討つぞ」と名乗ったと『愚管抄』にも記されているから、公暁としては父二代将軍頼家を失脚させ、次いで修禅寺で暗殺させたのは、実朝だと信じていたことになる。

ちなみに頼家が暗殺されたとき、実朝は十二歳でしかなかった。将軍職を望むよりは、まだ玩具を欲しがるような年齢である。だから頼家暗殺を命じたのは、決して実朝ではあり得ない。

にもかかわらず、公暁は実朝を父の敵と信じ込んでいた。ということは、誰かが公暁にそう信じこませていたということになる。いわば事件の黒幕である。

凶行直後の公暁は、乳母子《めのとご》の弥源太兵衛尉《やげんたひょうえのじょう》を三浦義村《みうらよしむら》館に送り、

いま将軍に闕《けつ》あり、われ専ら東関の長にあたるなり。早々と計議を廻《めぐ》らすべし

と言い送ったという。つまり鎌倉幕府の四代将軍になるつもりだったということである。

実朝を殺せば四代将軍になれるぞ、と例の黒幕が公暁を唆《そそのか》していたということになる。つまり黒幕は、実朝が頼家暗殺を命じたのだと公暁に吹き込み、さらに四代将軍の座という人参を、公暁の眼前にぶらさげて見せたのである。

源実朝像（大通寺所蔵）

これを公暁は信じ込んだのである。ということは、以上の二ヵ条を公暁に信じ込ませることができる人物、つまり公暁から絶対的に信頼されていた人物ということになる。

黒幕は誰か

当日の酉《とり》ノ刻（午後六時）、鶴岡八幡宮寺に向かう将軍実朝の行列は、大蔵御所を出た。しかし宮寺の楼門前に着いたのは、すでに戌《いぬ》ノ刻（午後八時）にさしかかっていた。

途中の道筋には、二尺余も雪が積っていた。実朝の右大臣拝賀の儀式だというので、京都から下向《げこう》してきた公卿も多数が参列しており、前後を固める上層部御家人たちのほか、路次の警固にあたる随兵が一千騎もいた。

一行が楼門にさしかかったとき、事件が起こった。御剣役《ぎょけんやく》として実朝の御剣を両手に捧げ持って実朝のすぐ背後に供奉していた執権北条義時《よしとき》が、突然、心神違例《いれい》になったのである。止むを得ず義時は、御剣役を宇多源氏《うだげんじ》の文章博士《もんじようはかせ》源仲章《なかあきら》に交代させ、神宮寺で暫《しばら》く休息したあと、小町亭（いま宝戒寺《ほうかいじ》）に帰っていった。

惨劇が起こったのは、その後だった。そして義時に替って御剣役だった源仲章も、公暁に斬られて死んだ。直前に心神違例となったので、義時は危険を免れたのである。

そんなところから、義時が疑われることになった。公暁の襲撃の企図を知ったので自分だけは助かろうとして、心神違例を装ってその場から立ち去ったのだと、後世の人々に疑われるようになったのである。その疑惑が昂ずると、公暁を唆した黒幕は、義時その人ではなかったかというまでになった。

『吾妻鏡』の記述

義時黒幕説をさらに強めたのは、『吾妻鏡』の承久元年二月八日条である。

廿七日戌刻、(義時が実朝の)供奉のとき、夢の如くにして白き犬、御傍に見ゆるの後、御心神違乱せるの間、御剣を仲章朝臣に譲り、伊賀四郎(朝行)ばかりを相具して退出しおわんぬ。しかるに右京兆《うきょうちょう》(義時)は御剣を役せらるるの由、禅師(公暁)、兼ねてもって存知せるの間、その役の人を守りて、仲章が首を斬る。かの時にあたって、この堂(大蔵薬師堂《おおくらやくしどう》、いま覚園寺)の戌神《いぬがみ》(伐折羅《ばさら》大将)、堂中に坐《おわ》したまわずと云々。

永年の間、義時は戌神を信仰していて、前年の七月九日には夢想によって大蔵薬師堂を建立し、同十二月二日には同堂に薬師像を安置供養していた。その薬師像のうちの戌神が、義時を守ってくれたのだというのである。

中世の人々ならば、これで納得したかもしれない。しかし近現代の人々は、これでますます義時に対して疑惑の念を強くした。その結果、実朝暗殺事件の黒幕は義時で、公暁を

怪異の前兆はあったか	公暁誅殺の討手	公暁誅殺の場所	出家したものたち	備考
①大江広元の涙②束帯の下に腹巻を着けること，仲章の言により止める③記念の御びん一筋を残す④「軒場の梅」の和歌⑤霊鳩しきりに鳴く⑥雄剣突き折れる⑦義時，傍に白き犬を見て心神違乱(2/8の条)	長尾新六定影雑賀次郎以下の郎従五人			後見備中阿闍梨の雪下北谷の宅で膳をすすむる間も実朝の御首，手より放たず
①大江広元の涙②束帯の下に腹巻を着すこと仲章の言により止む③拝賀は秉燭におよんで行うべきなり(日中は不可)④雄剣折れる⑤御車の前を黒き犬，横ざまに通る⑥霊鳩しきりに鳴く⑦髪一筋を記念とする⑧「軒場の梅」の和歌	長尾新六定景雑賀次郎以下五人の兵	山中にかかり大雪にまよふておはせし時	長井(大江)親広，右馬助時広，(秋田)城介景盛以下数百人	上の宮のみぎりで，公暁，「父の敵(かたき)を討つ」となのる．備中阿闍梨の宅でも実朝の首はなし給わず
①御キセナガを着ること仲章の言により止る②広元，昼間の儀式を進言したが仲章秉燭ニテスル事ナリとして戌ノ刻に行う③細太刀折れる④黒犬，車の前を横ざまに通る		①逐電して行方不明②山ノ上ヨリコロビ落テ西御門ノ小屋ノ上へ落懸ルヲ，盗人ト号シテ打殺シケルヲ犬共引散ス．		
		三浦義村邸の鰭板のあたり	出家のもの七，八十人	実朝の首，山中よりもとめ出たりけり「親の敵はかく討つぞ」の声，参列の公卿ども鮮やかにきく

『実朝の悲劇』に関する諸史料一覧（山根作成）

史料名	実朝襲撃は往路か復路か	襲撃の場所	討手は公暁単独か複数か	討手の変装の有無	その時の北条義時の行動，居場所	実朝と共に害された者たち
吾妻鏡	退去の時	石階之際	公暁		楼門に入ろうとした時，心神異例．御剣を仲章に譲りて退去．小町の御亭に帰る	
承久軍物語	（復路）	石はしに近づかせ給う時	びそう三人（美僧）	御所中に女装の変化あり．三年の間，機会を伺っていた	宮門に入給ふ折，俄に心神脳乱し，前後暗くなる．御剣を仲章に譲りて自邸に帰る	仲章，伯耆前司師憲（範）
承久記	往路	若宮ノ石橋ノ辺ニ近ヅカセ給フ時	美僧三人	此ノ両三年御所中ニ化物有ケリ．女ノスガタニテ常ニ人ニ行アフ		三の太刀で仲章，四の太刀で師憲（疵ヲカウブリテ，翌日ニ失ヌ）
愚管抄	復路（1月28日トスル）	宝前ノ石橋ヲクダリテ扈従ノ公卿列立シタル前ヲ揖シテユキケルトキ	公暁の他に三，四人	ケウサウトキント云ウ物シタル者（形相頭布）	義時御剣を奉持したまま中門にとどまる	仲章前駈シテ火フリテアリケルヲ義時ゾト思テ切リフセテコロシテウセヌ
鎌倉年代記	戌時（往路，復路不明）			形於女性ニ仮リ		仲章，同誅サレ訖ヌ
仁和寺日次記		於社壇				仲章，将軍ト共ニ夭命訖ヌ

①鳩鳥しきりにかける②雄剣折れる③「軒場の梅」の和歌			出家の兵，百余人（義時一族一人も出家なし）	公卿たち冠をはづし，袍を脱きて髄匐す
		①三浦邸で義村が指害②八幡山にて餓死		
				良佑，顕信，良弁の三人与力改易
			出家百余人	

百練抄		於社壇				
六代勝事記	退出の所	社壇		変化(へんげ)の賊		仲章，因幡前司師憲
皇帝紀抄		於社壇	公暁			
増鏡	往路	車よりおるるほどをさしのぞくやうにして車中で誅殺	公暁	女のまねをして，しろきうす衣をひきをり		
保暦間記	往路	石橋ヲ上リ給ウヲ	公暁			
皇代暦			公暁			仲章，師憲，一条伊賀少将疵を受く
鶴岡八幡宮寺社務職次第		石橋中	三人			仲章同討了
梅松論	戌の刻(往，復不明)	石橋	公暁			

唆して実朝を暗殺させると同時に、心神違例を口実にして、自分は難を免れたのだと、一般に信じられるようになったのである。『読史余論《とくしよろん》』の新井白石《あらいはくせき》が、その代表かもしれない。

『愚管抄』の記述

ところで、凶行現場には五人の公卿がいた。大納言坊門忠信《ぼうもんただのぶ》、中納言西園寺実氏《さいおんじさねうじ》、宰相中将藤原国通《ふじわらくにみち》、正三位平光盛《たいらのみつもり》、三位《さんみ》刑部卿《ぎょうぶきょう》難波《なんばの》宗長《むねなが》である。この五人が凶行を眼前にし、このうちの誰かが帰京して、ことの由を僧慈円《じえん》に語り、これを慈円が翌承久二年に書いたのが『愚管抄』である。実朝暗殺事件について書かれた多くの史料のうち、もっとも信憑できるものと思われる。その『愚管抄』には、惨劇があった情況について、次のように記されている。

夜ニ入テ奉幣終テ、宝前の石橋ヲ下リテ、扈従ノ公卿列立シタル前ヲ揖《い》シテ、下襲《したがさね》尻引テ笏《しゃく》モチテユキケルヲ、法師ノケウサウトキント云物シタル馳カ、リテ、下ガサネノ尻ノ上ニノボリテ、カシラヲ一ノ刀ニハ切テタフレケレバ、頸ヲウチヲトシテ取テケリ。ヲイザマニ三四人ヲナジヤウナル者ノ出キテ、供ノ者ヲイチラシテ、コノ仲章ガ前駈シテ火フリテ有ケルヲ義時ゾト思テ、ヲナジク切フセテコロシテウセヌ。義時ハ太刀ヲモチテカタハラニアリケルヲサヘ、中門ニトゞマレトテ、メテケリ。大方用心セズサ云バカリナシ。皆クモノ子ヲチラスガ如クニ、公卿モ何モニゲニケリ。きわめて臨場感に溢れた文章で、凶行の様子が目に見えるようである。

橋は〝上り下り〟するものではなく、〝渡る〟ものである。『愚管抄』では凶行現場は、実朝が「宝前ノ石橋ヲ下リテ」とあるから、この「石橋」は〝石の階《きざはし》〟で、宮寺の石段を指していると思われる。その「石橋ヲ下リテ」だから、儀式を終えて帰途についたときだったことになる。

事件の真相

前記の五人の公卿が、その石段の両側に「列立」している間を、実朝が左右に「揖シ」ながら降りてきた。その瞬間、公暁が現われて、石段に垂れていた実朝の下襲《したがさね》の尻の部分を踏み付け、一太刀で実朝の首を斬り落としたのである。

注目すべきは、義時がいた場所である。実朝一行の往路で、実朝が中門から入ろうとしたとき、実朝は義時に、「中門ニトヾマレ」と命じたと、『愚管抄』には記されている。

そして義時は、実朝の命に従って、本宮の内殿で一刻ばかり儀式が行なわれていた間、吹きっさらしの中門のきわに、御剣を捧げ持って立っていたのである。心神違例で自館に帰っていたのではなかった。

『吾妻鏡』の作為

このように『吾妻鏡』は、堂々と嘘を吐《つ》いたのである。それどころか嘘を信じさせるために、前年七月九日に夢想により義時が大倉薬師堂を創建し、同十二月二日には同堂に薬師像を安置供養したなどまで、書き記している。

このように『吾妻鏡』が嘘を吐いた理由は、なんとなく察しが付くように思われる。『吾妻鏡』が書かれたのは、一四世紀初頭のことだった。貞時《さだとき》・高時《たかとき》の時代である。そのような時期に、北条得宗《とくそう》初代の義時が、「中門ニトヾマレ」と命ぜられる程度の存在だったとは、あえて書くことができなかったのである。

それにしても粉飾を重ねて嘘を吐いたところ、そのため義時が事件の黒幕かと疑われることになったのは、まさに皮肉な結果だった。

義時に関わる作為

このように『吾妻鏡』は堂々と嘘を書くことがある。義時についてだけでも疑わしいのは、養和元年（一一八一）四月七日、頼朝が「弓箭《きゆうせん》に達するの者、また御隔心《ごかくしん》なきの輩」のうちから一一人を選んで御寝所祗候衆《しこうしゆう》としたとき、その筆頭に義時がいたことである。本当は一〇人という割り切りの良い人数だったと思われる。無理に義時を算入したので一一人になってしまったのだろう。

また頼朝が行列を組んで出行したとき、しばしば義時は名誉ある位置にあったように

『吾妻鏡』には記されている。これらも事実ではなかったかもしれない。たとえば文治元・十・二十四条、文治五・六・九条、建久元・十一・十一条などで、反対に義時の名が記されていない文治四・三・十五条、建久元・十一・七条などが、案外の事実だったかもしれない。

義時についてだけでも、以上のように『吾妻鏡』は嘘を吐いているのだから、時政《ときまさ》、泰《やす》時《とき》等々に関しても、『吾妻鏡』が嘘を吐いている可能性は大きい。『吾妻鏡』は決して寝転んで鼻唄まじりで読むような本ではない。

なお実朝暗殺事件の黒幕を最初に三浦義村だと指摘したのは、作家の永井路子氏である。強い敬意を表しておきたい。

実朝の首の行方

ところで公暁に奪われた実朝の首は、どうなったのだろうか。

『吾妻鏡』によると、公暁は実朝の首を持ち、後見人の備中《びっちゅう》阿闍梨《あじゃり》の北谷の坊に入り、そこで食事を摂《と》ったが、その間も首から手を放さなかったという。そして三浦義村館に向かい、途中で討手の雑賀《さいが》次郎の手勢五人と出会い、雑賀次郎が公暁を羽《は》交締《がいじ》めにし、長尾定景《ながおさだかげ》が公暁を誅殺したという。このとき実朝の首についてはまったく言及されてはいない。

そして翌二十八日の戌《いぬ》ノ刻（午後八時）、実朝の遺骸は勝長寿院《しょうちょうじゅいん》の傍らに葬られた。首が見つからなかったので、前日の出御の前に髪の毛を櫛《くし》けずったとき、宮内公氏が「記念に」として実朝から与えられていた鬢髪《びんぱつ》一筋をもって首のかわりとしたという。だいたい公暁が討ち果たされたとき、その近くに実朝の首はあったはずである。また近くになかったとしても、幕府が必死に探させたはずである。それでも実朝の首はついに見つからなかったらしい。少なくとも『吾妻鏡』には、そのように記されている。ところが、である。事件の翌年に慈円が書いた『愚管抄』には、次のように記されているのである。

実朝ガ頸ハ、岡山ノ雪ノ中ヨリ、求メ出《いで》タリケリ。

「岡山」というのは、鶴岡八幡宮寺裏手の大臣山《だいじんやま》のことであろう。同宮寺裏手の御谷のうち、公暁が食事を摂ったという備中阿闍梨の坊は北谷にあった。そこから三浦義村館に行くには大臣山を通るのが当然の道筋だったから、そこで実朝の首が見付かったというのは、あまりにも当然のことだった。

にもかかわらず、『吾妻鏡』は「御首の在所を知らず。五体、不具なり。その憚《はばか》りあるべきによって、昨日、公氏に給うところの御鬢をもって御頭に用い、棺に入れたてまつった」のである。

つまりはこれも『吾妻鏡』の嘘の一例である。それにしても『吾妻鏡』は、何故このような嘘を吐いたのだろうか。ちなみに『吾妻鏡』の嘘は、大部分が北条得宗家のためだった。とすれば実朝の首に関する嘘は、どのような利益を北条得宗家にもたらしたのだろうか。

『吾妻鏡』以外の異説

なお『吾妻鏡』が以上のような嘘を吐くが、これに便乗したのか、実朝の首に関する異説が続々と現われてくる。

a 「鷲峰開山法燈円明国師行実年譜」(『続群書類従』所収)

生前の実家の下知《げち》で渡宋を図った葛山《かずらやまの》五郎《ごろう》景倫《かげとも》は、鎮西《ちんぜい》に下向《げこう》したところで実朝の死を知り、出家して僧願性《がんしょう》と名乗って高野山《こうやさん》に登って金剛三昧院《こんごうさんまいいん》の雑掌《ざっしょう》となったが、常陸《ひたち》国の筑後《ちくご》入道の孫鹿跡二郎入道西入から西入の侍が葬所で拾得した実朝の首を与えられ、北条政子から与えられた紀伊《きい》国由良《ゆら》荘に西方寺を建立して、実朝の遺骨を埋葬した。のちに西方寺は、興国寺《こうこくじ》(和歌山県由良町門前《もんぜん》)と改称している。

なお無住道暁《むじゅうどうぎょう》の『雑談集《ぞうだんしゅう》』には、同工異曲のことが記されていて、実朝の首を埋葬したのは金剛三昧院だとしている。また『高野春秋』も葬地を金剛三昧院とする。また『紀伊国続風土記』は、葬地は西方寺で墓塔は五輪塔だとしているが、頭骨の一部を南宋の育《いく》王山寺《おうさんじ》に分骨したともいう。

b 『新編相模国風土記稿』

①『吾妻鏡』に従って勝長寿院に首のかわりに鬢髪一本を埋葬。

② 寿福寺の「画窟《えかきやぐら》」（唐草ヤグラ、絵のヤグラとも）は供養塔、これについては『新編鎌倉志』にも記述がある。

③ 鶴岡八幡宮寺の本宮の坂ノ下、白旗《しらはた》社の西隣の柳営《りゅうえい》神明社（実朝社）に神格化された実朝が祀られたが、墓塔ではない。のち頼朝の白旗明神社に合祀された。これも『新編鎌倉志』に記述がある。

c 『新編相模国風土記稿』

相模国三浦郡武《たけ》（横須賀市武）の領主三浦流武常晴《たけつねはる》がどうやって入手したか不明だが、実朝の首を相模国波多野荘に持って来て、臨済《りんざい》禅僧の退耕行勇《たいこうぎょうゆう》を開山として大聖山金剛寺（秦野市東田原）を創建、門前の小丘に実朝の首を埋葬した。なお同寺創建は建長二年（一二五〇）、波多野《はたの》中務丞忠綱《ただつな》で、武常晴は堂を建立したのみともいう。

その後、江戸下野入道心仏が江戸の小日向《こひなた》郷金杉村（文京区春日）に慧日山金剛寺を創建して実朝塔という石塔を移建した。
さらに下って地下鉄丸ノ内線が同寺の敷地を通過することになったので、同寺は中野区上高田に移転、そのさい実朝塔も移転。この項については、『好古《こうこ》一滴《いってき》』にも触れられている。

d 「法然《ほうねん》上人行状絵図」
武蔵国分倍《ぶばい》荘《のしょう》（府中市分梅町）の津戸郷の梅香山安楽寺境内に、津戸為守改め尊観房が実朝の分骨を安置埋葬したという。

e 『鎌倉攬勝考』
下野《しもつけ》国日光山別当の但馬《たじま》法眼《ほうげん》弁覚《べんかく》（俗名は大方余一）が、日光市宮脇に三条塚を建立して実朝の分骨を安置埋葬したという。
以上、管見に入ったものを網羅したつもりであるが、どうやら嘘吐きは『吾妻鏡』での北条義時関係だけではなかったらしい。

義時死亡の記事

その北条義時は、元仁元年（一二二四）六月十三日の辰ノ刻と巳ノ刻とのさかい頃（午前九時頃）、六十二歳で死んだ。日頃の脚気《かっけ》の上に霍《かく》乱《らん》が計会したのがその死因だった。ちなみに当時の霍乱というのは、現今の急性胃腸炎にあたる。

義時の死に様は、きわめて立派だった。将軍の許可を得て寅ノ刻（午前四時）に出家落飾《らくしょく》したとき以外は、前日の朝から弥陀の宝号を唱え続け、終焉《しゅうえん》のさいには胸に外縛印《げばくいん》を結び、念仏数十回の後、静かに寂滅《じゃくめつ》したと『吾妻鏡』に記されている。

二位法印尊長の逮捕

義時が死んでから三年後の安貞元年（一二二七）四月八日、京都で捕物があった。承久《じょうきゅう》の乱《らん》に京方の参謀総長格だった二位法印尊長《そんちょう》が、京都の市中に潜伏していることを密告されて、六波羅探題《ろくはらたんだい》府に詰めていた菅十郎左衛門らが逮捕に向かったのである。

興味深いのは、追捕に向かった菅十郎左衛門たちだった。このような捕物のさいにも人数で押し包むのではなく、一人ずつ踏み込んで行ったのである。一騎打ちを本旨とした鎌倉武士の面目がまさに躍如としている。

いずれにしても最初に踏み込んだ武士は尊長に抵抗され、手創《てきず》を負って退いてきた。かわって踏み込んだ二番目も、必死の尊長の抵抗にまた手創を負って退いてきた。

三番手が踏み込もうとした隙を得て、尊長は自害を図った。しかしまだ死にきれないうちに捕らえられ、車に乗せられて河東の六波羅府に運び込まれた。

この間、自害を図った手創の痛みに耐えかねて、とんでもないことを口走った。

義時毒殺説

「ただ早々と頸をきれ。もししからざれば、また義時の妻が義時にくれけむ薬、されこるて喰わせて早く殺せ」

これを聞いて驚いた武士たちが復問すると

「只今死なんずる我等、などか人に語らわれて虚言は云わん」

と、尊長は自分のいったことを再び確認している。果然、北条義時は後妻の伊賀ノ方に毒殺されたというのである。

ちなみに義時の未亡人伊賀ノ方は、義時の死の直後、伊賀ノ方陰謀事件を起している。光宗、朝行、光重、宗義、光盛ら実家の伊賀氏兄弟を語らって、女婿《じょせい》の宰相中将一条実《いちじょうさね》雅《まさ》を将軍に、所生の子北条四郎政村《まさむら》を執権に推し立てるため、義時の嫡男北条泰時《やすとき》の殺害を図ったのである。

このとき伊賀ノ方が重要な戦力として与党に引き入れていた三浦義村を、北条政子《まさこ》が膝詰めの談判をして与党から寝返らせたので、ことは未然に済み、伊賀ノ方と兄弟および一条実雅は配流《はいる》されている。

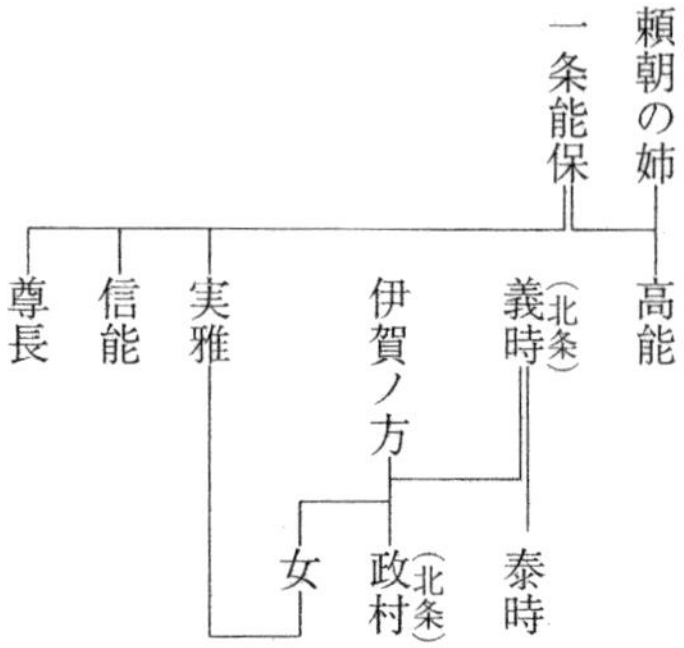

そして伊賀ノ方の女婿一条実雅の異母弟が、二位法印尊長だった。とすれば伊賀ノ方が義時を毒殺したということを尊長が知っていても不思議ではない。果然、北条義時は後妻伊賀ノ方に毒殺されたらしい。

しかし何故、『吾妻鏡』は真相を隠したのだろうか。もちろん不祥事を他に知られたくなかったからであろう。義時は北条得宗家にとっては、偉大な先祖でなければならなかったのである。

とにかく『吾妻鏡』には嘘が多い。それを見つけるのも、『吾妻鏡』を読む楽しみでもある。

都市鎌倉と武士

鎌倉中

閭巷と村里

東国武士三一一人が一揆して鎌倉幕府が成立した治承四年（一一八〇）。十二月十二日、「閭巷《りよこう》は路を直《すぐ》にし、村里に号を授けり」と『吾妻鏡』の同日条にある。鎌倉という一地域に、「閭巷」と「村里」という区別があったのである。「閭巷」は一般に〝村〟〝村里〟の意味であるが、この文では「村里」と対応して用いられているから、〝村里〟という意味ではあり得ない。

「閭巷」は〝市街地〟あるいは〝都市部〟と解してもよいが、指定配布された御家人たちの居住地、つまり〝御家人街〟あるいは〝武家地〟とまで解し得るかもしれない。とすれば「村里」は、〝郊外〟〝田舎《いなか》〟、あるいは〝農村・漁村〟、または〝一般庶民街〟ということかもしれない。

「路を直にし」たり、「村里に号を授け」たりしたのは、もちろんこの日だけのことではなく、この日の前後に行なっていたということであろう。

いずれにしても「閭巷」という語は、しばしば衒学癖《ペダンチック》のある『吾妻鏡』の執筆者がいわば一種の美辞麗句として用いたもので、そこに特別な意味はなかったのかもしれない。とにかく鎌倉幕府成立ということで、この日の文体はきわめて感激的に書かれている。

鎌倉中

この美辞麗句としての「閭巷」は、鎌倉幕府の法律用語としては「鎌倉中」だったと思われる。『吾妻鏡』*、「鎌倉幕府法」**（『中世法制史料集』I）、および『鎌倉遺文』***の随所に「鎌倉中」という語が散見される。

なお〝日本中で一番大きい〟とか、〝世界中でもっとも高い〟などというように、一般的に用いられる「～中」とはまったく違っていて、「鎌倉中」というのは、鎌倉幕府が決めていた一定の行政区画のことだった。

ちなみに江戸時代、江戸幕府のお膝元で直轄地だった江戸は、「御府内《ごふない》」とか「朱引《しゆびき》内《うち》」と呼ばれていた。それと同じように、鎌倉幕府のお膝元の直轄地が、「鎌倉中」だったと思われる。

その「鎌倉中」について、前記の『吾妻鏡』、「鎌倉幕府法」および古文書の記述から探ってみると、次のようである。

鎌倉中騒動　地方で合戦などがあるごとに「鎌倉中」に騒動が起こっているが、これは「鎌倉中」が基本的には武家地だったことを示しているといえよう。

① 元暦元年（一一八四）七月五日、伊賀国で三日平氏の乱が起こったとの急報が入ったとき。
② 建久四年（一一九三）八月十日、範頼《のりより》の郎等《ろうどう》の当麻太郎が、頼朝の御寝所の床下で発見されたとき。
③ 正治元年（一一九九）八月十九日、二代将軍頼家が安達一族を討とうとしたとき。
④ 建仁元年（一二〇一）二月三日、京都で城長茂《じょうながもち》が謀反《むほん》したとの急報が入ったとき。
⑤ 元久二年（一二〇五）六月二十二日、同二十三日、畠山重忠《はたけやましげただ》・重保《しげやす》父子事件のとき。
⑥ 建保元年（一二一三）三月二日、反逆張本の泉親平《いずみちかひら》を追討《ついとう》したとき。
⑦ 元仁元年（一二二四）七月五日、伊賀氏事件のとき。

等々である。

鎌倉中からの追放

また御家人《ごけにん》などに対する処罰の一種に、「鎌倉中」からの追放というものがあった。のち江戸時代の「所払《ところばら》い」に相当するといえる。その実例は、次のようにかなり多い。

⑧ 曾我兄弟事件の直後、連累《れんるい》を疑われた大庭景能《おおばかげよし》は「鎌倉中を追放された」が、三年後に許された（建久六・二・九条）。

⑨ 木曾義仲の右筆《ゆうひつ》だった大夫房覚明《たゆうぼうかくみょう》（信救得業）はのちに正体が露顕して、箱根山中から山外への外出が禁止された（建久六・十・十三条）。

⑩ 御家人六六人に連署弾劾《だんがい》されて陳弁できなかった梶原景時《かじわらかげとき》は、「鎌倉中を追い出された」（正治元・十二・十八条）。

⑪ 比企《ひき》事件の直後、前将軍頼家《よりいえ》は修善寺に流された（建仁三・九・二十一条）。

⑫ 宮騒動の直後、前将軍九条頼経は京都に帰された（寛元四・八・十二条）。

⑬ 三浦合戦の直後、三浦方軍兵の後家などが「鎌倉中に居住すべからず」とされた（宝治元・六・二十五条）。

⑭ 浪人らを鎌倉中から追放すべしと、幕府が「鎌倉中の保々《ほうぼう》」に下知《げち》した（宝治元・八・二十条）。

⑮　鎌倉中の無益の輩の交名《きょうみょう》を注し、田舎に追いやり、農作の勤めに従わせるよう、幕府が「鎌倉中の保々奉行人」に下知した（建長二・三・十六条）。

⑯　魚鳥を喰い女人を招き寄せ、あるいは党類を結び恣《ほしいまま》に酒宴を好む念仏者を鎌倉中から追却するよう、法令が出された（文暦二・七・十四令）。

鎌倉中立入禁止　また、ある種の人は、「鎌倉中」に立ち入ることを禁じられている。

⑰　もと平家与力《よりき》だった新田義重《にったよししげ》が鎌倉に来ようとしたとき、「左右《そう》なく鎌倉中に入るべからず」とされて山内《やまのうち》の辺に逗留《とうりゅう》（治承四・十二・二十二条）。

⑱　主君の足利俊綱《あしかがとしつな》を討って、その首を持参して鎌倉に入ろうとした桐生六郎《きりゅうろくろう》は、「鎌倉中に入れられず、直に深沢を経て腰越《こしごえ》に向うべし」とされ、二日後に梟首《きょうしゅ》にされた（養和元・九・十六条）。

鎌倉中の僧侶　「鎌倉中」は基本的には武家地だったが、寺社もあり僧侶もいて、幕府に直接的に支配されていた。

⑲　「鎌倉中」の僧徒を集めて、平家追討の祈請《きしょう》をさせた（文治元・二・十三条）。

⑳　「鎌倉中」のどこかに伽藍《がらん》の草創を幕閣《ばっかく》で企図した（建久二・二・十五条）。

㉑　「鎌倉中」の寺社領について沙汰（元久元・八・三条）。

㉒「鎌倉中」所在の鶴岡八幡宮寺領について、三ヵ条の禁制を出した（仁治元・一二・二十五条）。

㉓四代将軍九条頼経《くじようよりつね》が、「鎌倉中」の諸堂を巡礼した（寛元二・三・一条）。「鎌倉中」の僧侶たちは、幕府の支配下にあって、次のようなことを禁じられていた。

㉔﨟次《ろうじ》（年功序列）を乱すような高位を濫《みだ》りに望むこと（貞永式目）。

㉕裹頭《かとう》して「鎌倉中」を横行すること（文暦二・七・十四令）。

㉖念仏者で魚鳥を喰い女人を招き寄せ酒宴を好むこと（文暦二・七・十四令）。

㉗太刀・腰刀《こしがたな》などを携行すること（仁治三・三・三令）。

㉘器量・若﨟を考慮せずに師僧の譲りを得て一寺を管領《かんれい》すること（仁治三・十二・五令）。

㉙酒宴で群飲し魚鳥を喰うこと、綾の裘代《きゆうたい》を着ること、輿《こし》に乗ること、裹頭して横行すること（弘長元・二・二十令）。

㉚仏像にお供えをしないこと（文永元・四令）。

㉛幕府の御願寺が寺用の分限を校量せずに下地を分付けること（弘安元・三・八令）。

㉜念仏者、遁世人《とんせいにん》の身で騎馬すること（弘安七・五・二十令）。

㉝　諸堂の供僧《ぐそう》の任命は、その僧の人柄を評定衆に勘申《かんじん》し、寄合衆《よりあいしゅう》の決定に委ねなければならない（弘安八・四・八令）。

㉞　恣《ほしいまま》に昇進すること（正応元・八令）。

なお、頼朝法華堂《ほっけどう》と新釈迦堂の修理などは幕府の五番引付頭人《ひきつけとうにん》が奉行として管轄し、大慈寺は三番引付の管轄とされていた（弘安七・十一・二十七令）。

都市化の進展

承久《じょうきゅう》の乱《らん》後の一二二〇年代頃から、世情が大きく転換したように、「鎌倉中」でも大きな変化がみられた。都市化が急速に進んだのである。

嘉禄元年（一二二五）十月四日、将軍御所の移転地探しのさい、旧来の農村的丈量《じょうりょう》だった町反歩制（一町＝一〇反、一反＝三六〇歩）にかわって、「始めて丈尺《じょうしゃく》を打って」都市的な丈尺制（一丈＝一〇尺、一尺＝一〇寸）が用いられた。

間口五丈（一五メートル）で奥行一〇丈の敷地を一戸主《へぬし》（四五〇平方メートル、約一三六坪）とすることも、この頃から始まったらしい。古文書での初見は、建長三年（一二五一）八月四日付「関東御教書案」（七三三四号）である。「長布施内壱戸主」と、土地の面積が表記されている。二番目は弘長二年（一二六二）八月三十日付「詫摩能秀《たくまよしひで》家地譲状案」（八八六三号）で、鎌倉山王堂ガ谷（扇《おうぎ》ガ谷《やつ》四丁目六〜十二、水鑑景清の東南方）の「壱戸主」の地を将軍家から拝領していた詫摩能秀が子息の時秀と直秀とに半分ずつ分与している。

保に分割

同じ頃、「鎌倉中」はいくつかの「〜保《ほ》」というように、地域分けされていた。史料上の初見は仁治元年（一二四〇）二月二日条で、次のような幕府法である。

　鎌倉中の保々の奉行　存知すべき条々
一、盗人のこと
一、旅人のこと
一、辻捕のこと
一、悪党のこと
一、丁々辻々の売買のこと
一、小路を狭くなすこと
一、辻々の盲法師ならびに辻相撲のこと
一、押買のこと
右の条々、この旨を存知し、保々を警固奉行せしむべきなり。さらに緩怠《かんたい》あるべからずとの状、仰せによって下知すること件《くだん》の如し。

延応二年二月二日　前武蔵守（北条泰時）（一二四〇）

この史料は、鎌倉中・末期の「鎌倉中」の様子をきわめてヴィヴィッドに示してくれている。丁々辻々に見世店《みせだな》が置かれて商売をしており、買物客で混雑している。盲法師が平家琵琶を奏でている一方では、辻相撲が行なわれている。人混みにまぎれて人攫《ひとさら》いが幼児を攫っているし、また安く値切って強引に品物を買い取って行く者もある。諸国から訴訟などで鎌倉にやって来た田舎者もあり、盗人もそれなりに活躍している。「鎌倉中」は喧《けん》騒《そう》と雑踏、きわめて活気に満ち溢れた都会だったのである。

北条得宗家の支配

幕府政所の所司が他奉行を兼任して各保を管轄し、各保内の住人のうちから若干が起用されて保奉行人となって各保の自治にあたっていたらしい。そして政所別当が幕府執権の北条得宗《とくそう》家だったのだから、地奉行の多くは得宗被官だったようである。つまり「鎌倉中」は、幕府の直接的な支配下にあったというより、北条得宗家の支配地だったとみる方が妥当である。

支配の実態

その「鎌倉中」の支配にあたって、北条得宗家はさまざまな禁令を発しているが、逆にみると禁止されていたようなことが、「鎌倉中」では多く行なわれていたということで、この点でも禁令は興味深い。

勝手に道を作るなとか、家の檐先《のきさき》を路に差し出すなとか、牛を路傍につないで置くななどの禁令は、通行の便を図ったものだろうが、住居の狭いのをなんとかしようとした庶民の智恵も感じられる。

商人の人数を一定に定めておき、市《いち》が開かれる町屋も数ヵ所に限定指定しているのは、立派な商業統制だった。酒の販売を禁じたのは、酔っ払いが多かったからだろう。

続松《たいまつ》の用意を命じ、橋の修理と路傍の清掃をさせ、庶民の武器携行と乗馬を禁じ、狼藉の鎮定まで保奉行人の責任とするなどが目立つが、雑人《ぞうにん》・非御家人は保奉行人の成敗に従うべしと令していることから、保奉行人の責任は重く多岐にわたっていたのに、その権力あるいは権威は、それに伴うものではなかったことも読み取れる。

また押買《おしがい》、迎買の禁令も注目される。強引に値切って安く買い取るようなことが、かなり多かったのだろう。夜行も禁じられているから、これが守られていたら、さぞかし夜の「鎌倉中」は静かだっただろうとも思われる。

なお鎌倉時代の各保の名称や地域区分については史料が完全に欠如しているので、まったく知ることはできない。

しかし長谷寺の宝物殿に現存する「応永二十年（一四一三）卯月十九日」という紀年銘

のある鰐口《わにぐち》に、

　相州小坂郡鎌倉由井保長谷寺鰐口

とあって、室町時代には「由井保」というのがあったことが判る（『鎌倉市史』史料編三「長谷寺文書」）。

この「由井保」という名称が鎌倉時代から続いていたのだとすると、他の保の名称も想像するに難くはない。〝大蔵保〟〝名越《なごえ》保〟〝泉谷保〟などが鎌倉時代に存在したのではなかっただろうか。

＊『吾妻鏡』に「鎌倉中」とある年月日を以下に列挙しておく。
治承四・十二・二十二、養和元・七・三、元暦元・七・三、元暦二・二・十三、元暦二・三・一、元暦二・五・二十四、文治四・五・二十、建久二・二・十五、建久三・正・二十一、建久三・四・二十八、建久四・八・十、建久五・四・十、建久六・二・九、建久六・十・十三、正治元・三・十一、正治元・四・二十、正治元・八・十九、正治元・十二・十八、建仁元・二・三、建仁二・閏十・十三、建仁三・九・一、建仁三・九・二、建仁三・九・二十一、建仁三・十一・十五、元久元・八・三、元久二・四・八、元久二・四・十一、元久二・六・二十二、元久二・六・二十三、承元二・七・十九、建暦二・六・七、建暦二・十二・二十八、建保元・三・二、建保元・三・八、建保元・九・十九、建保二・五・七、建保三・六・五、建保三・六・十九、建保五・九・四、承久

元・九・二十二、承久二・七・晦、承久二・十二・四、貞応二・七・九、貞応三・五・十三、貞応三・五・二十、貞応三・七・五、貞応三・八・二十七、寛喜二・二・三十、文暦二・七・十、延応元・四・十四、延応二・二・二、延応二・二・二十五、仁治元・十一・二十一、寛元二・三・一、寛元三・四・二十二、寛元三・六・七、寛元三・九・二十七、寛元四・閏四・十八、寛元四・五・二十四、寛元四・八・十二、宝治元・三・十七、宝治元・六・四、宝治元・六・五、宝治元・六・二十五、宝治元・八・二十、宝治二・四・二十九、建長二・三・十六、建長二・四・二十九、建長三・十二・三、建長三・十二・二十六、建長四・二・十、建長四・九・三十、建長六・四・二十七、建長六・六・十五、建長六・六・十六、建長六・十・十、建長八・正・十四、正嘉二・五・十、正元二・四・二十九、文応元・七・十、弘長元・二・二十九、弘長元・六・二十二、文永二・二・五、文永二・七・四、文永三・四・二十一、文永三・六・二十三。

＊＊　鎌倉幕府の法令に「鎌倉中」という語の所在を、『日本法制史料集』第一巻「鎌倉幕府法」でのページ数で、以下のように示した。

二三、九六、一三九、一四一、一八二、二〇七、二一一、二一三、二一四、二二二、二四五、二五三、二六六、二六九、二八一

＊＊＊　古文書に見られた「鎌倉中」という語の所在を、『鎌倉遺文』の文書番号で以下のように示した。

一一〇二五、一一四六三、一二七六四、一四四九一、二〇三六六、二二五七五、二三五〇七、二八八三五、二九五一九、三〇七三四、三〇八六六、三一五一二

鎌倉の四境と塔ノ辻

稲瀬川

頼朝が石橋山《いしばしやま》合戦に敗れて房総半島に逃れ、やがて鎌倉に入部するまでの間、妻の北条政子《まさこ》は伊豆国阿岐士郷（現在地不明）に潜《ひそ》んでいた。そして頼朝が鎌倉に入部したと知ると、治承四年（一一八〇）十月十日、鎌倉近くまで来たが、日次《ひなみ》が悪いということで、その夜は稲瀬河《いなせがわ》西岸の民居に一泊し、翌十一日に稲瀬河を渡って鎌倉に入った。

元暦元年（一一八四）八月八日、範頼《のりより》が平家追討使として、幕府軍を率いて鎌倉を出撃した。この日、頼朝は稲瀬河の辺に桟敷を構えて、範頼軍を見送った。

承久三年（一二二一）五月二十一日の夜、承久の乱で上洛戦を敢行しようとした北条泰時は、まず門出をするや稲瀬河の辺の藤沢清親宅に一泊して、翌日、本格的に上洛していった。

以上の三例は、承久の乱の頃までは、鎌倉の西南部（東海道方面）での境界が、稲瀬河だったことを示している。稲村ガ崎ではなかったのである。

四角四境祭

四代将軍九条三寅《みとら》丸（頼経）の鎌倉入部のさい、京都から陰陽師《おんみようじ》たちも同行していて、鎌倉に京都陰陽道がもたらされた。

そして元仁元年（一二二四）十二月二十六日、鎌倉で初めて四角四境祭《しかくしきようさい》が行なわれた。疫神・疫鬼がもたらす疫霊・疫病などの鬼気を追却するための祭祀で、四角祭と四境祭の二部がある。

京都での四角祭は、大内裏《だいだいり》の艮《うしとら》（東北）、巽《たつみ》（東南）、坤《ひつじさる》（西南）、乾《いぬい》（西北）の四隅で行なうのが通例で、ときには陰陽寮の四隅で行なった。四境祭は山城国の国境四ヵ所で行なうのが通例で、ときには畿内の境界一〇ヵ所で行なうこともあった。なお四境祭は、四堺祭とも呼んだ。

この風習が鎌倉に持ち込まれたのである。鎌倉で最初だった元仁元年時には、四角祭は大蔵《おおくら》御所の四隅で行なわれ、四境祭は「六浦《むつうら》、小壺《こつぼ》（小坪）、稲村、山内《やまのうち》」だった。大蔵御所は大内裏になぞらえられ、四境の内側が山城国に見立てられたことになる。

寛喜三年（一二三一）五月四日の四角祭は、宇津宮辻子《うつのみやずし》御所の四隅で行なわれたと思われるが、四境祭についても場所についての記述はない。

嘉禎元年（一二三五）十二月二日の四角祭は、若宮大路の艮（東北）、巽（東南）、坤（西南）、乾（西北）で行なわれ、四境祭は小袋坂《こぶくろざか》、小壺、六浦、固瀬河《かたせがわ》（片瀬川）で行なわれた。

寛元二年（一二四四）四月二十六日、同三年七月十三日、建長四年（一二五二）八月二十三日、康元元年（一二五六）八月二十九日などに四角四境祭は行なわれたが、いずれの場合にもそれが行なわれた場所については記述がない。

鎌倉の四境　結局、四角四境祭があったのは、『吾妻鏡』によるかぎりすべてで八回だったが、そのうち四境がどこだったのかが記されているのは、初度の元仁元年時と嘉禎元年時だけということになる。

元仁元年時の四境

六浦、小壺（小坪）、稲村、山内

嘉禎元年時の四境

六浦、小壺、固瀬河（片瀬川）、小袋坂

この四境の内側が「鎌倉中」だったとすると、元仁年間と嘉禎年間では六浦と小壺とは同一だから、東北方の朝夷那《あさひな》坂方面と東南方の三浦半島方面へは鎌倉中は発展拡大していなかったことになる。

元仁年間の山内と嘉禎年間の小袋坂とが同一地点を指しているのか否か、判然とはしない。「山内」というのが山内荘山内本郷との境ということならば現在の巨福呂坂隧道《こぶくろざかずいどう》かもしれないし、「小袋坂」というのなら鶴岡八幡宮寺西側を南北する馬場小路から小袋坂へ入る入口附近ということになるかもしれない。

元仁時と嘉禎時とで一致していないのは西南方、東海道方面での稲村と固瀬河（片瀬川）とである。元仁時から嘉禎時までの約一〇年余の間に、「鎌倉中」は稲村ガ崎から片瀬川まで大きく発展膨張していたということらしい。

西南方面への膨張

ここで想い出すのは、承久の乱頃までの「鎌倉中」の西南方向の境界は、稲瀬河だったことである。また文治元年（一一八五）五月二十四日、鎌倉に入るのを禁じられた義経が、腰越《こしごえ》で留まって腰越状を書いたことである。この時点では、腰越は「鎌倉中」の外辺だったのである。

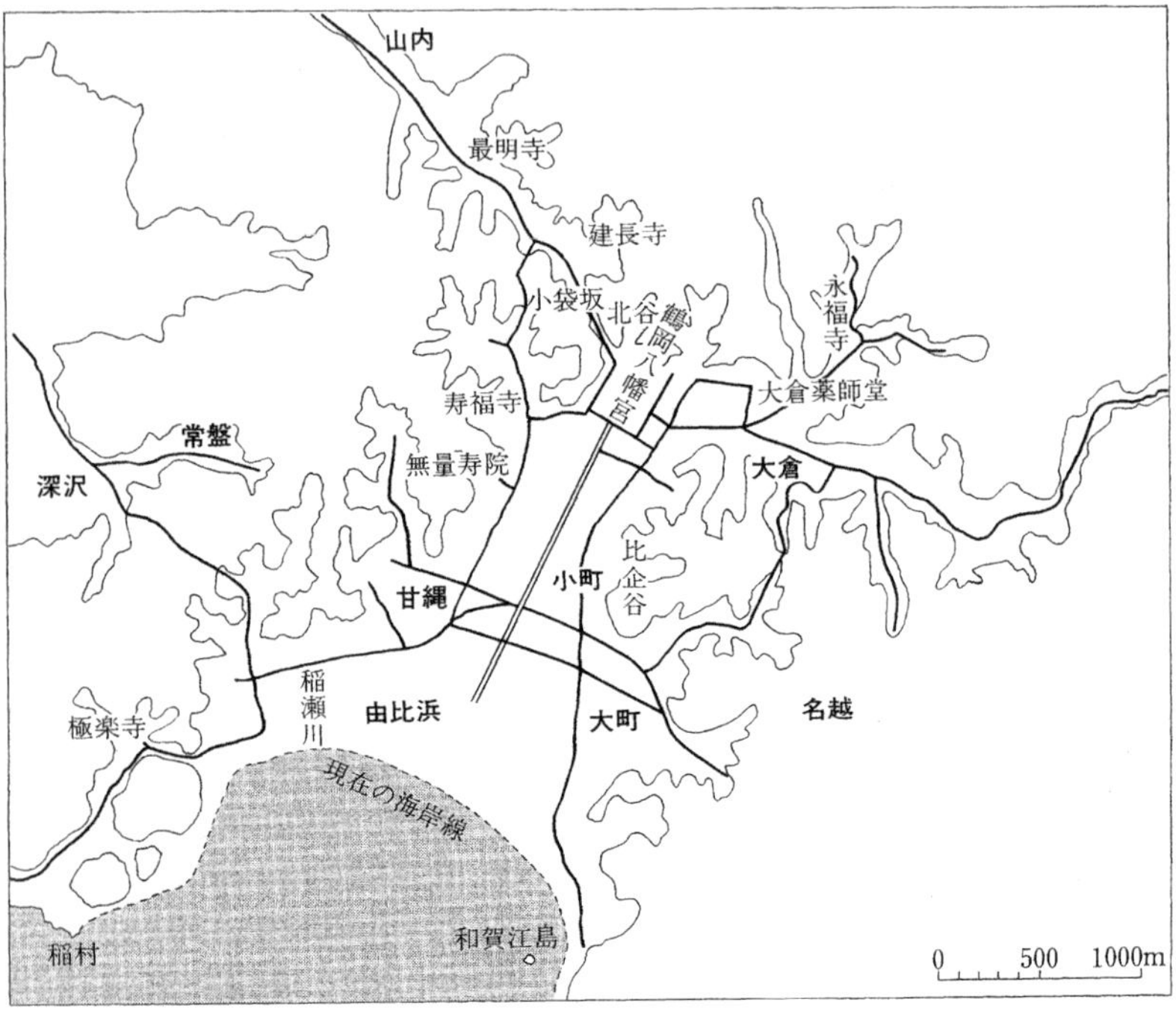
山内
最明寺
建長寺
小袋坂
北谷
鶴岡八幡宮
永福寺
大倉薬師堂
寿福寺
常盤
無量寿院
深沢
大倉
比企谷
小町
甘縄
稲瀬川
由比浜
大町
名越
極楽寺
現在の海岸線
稲村
和賀江島
0　500　1000m

鎌　倉

以上のように考えてくると、鎌倉中の発展膨張は、稲瀬河から始まって稲村ガ崎、腰越、固瀬河と、主に西南方の東海道に沿って行なわれたかのように見える。もちろん鎌倉中の発展膨張は、それだけではなかった。

塔ノ辻

先述のように治承四年（一一八〇）十二月十二日前後の頃、頼朝は鎌倉中を「閭巷（市街地）」と「村里（郊外）」とに分けている。その閭巷部と村里部との境界の地に、石塔が建てられていたらしい。その境界の地は「塔ノ辻」と呼ばれるようになっていた。名称からみても、二本の道路が交叉する四辻だったらしい。

『吾妻鏡』には「塔ノ辻」という語が六回ほど記されている。*そのうち五回までは前後の関係から筋違橋《すじかいばし》の西詰に比定されるが、残りの一回については現在地は比定できない。

なお『神奈川県史』資料編2古代・中世(2)の二二五〇「聖教奥書」のうちに、次のような文がある。

元応三年（一三二一）二月五日、於相州鎌倉塔辻政所東庇、就称名寺長老高命、而書

随求陀羅尼秘法訖　　水雲士無二生年卅六

また『鎌倉市史』史料編第一所収「宝戒寺文書」四一八「惟賢灌頂授与記」の文和三年（一三五四）の項に次のような文がある。

同三年甲午四月十三日辛巳於塔辻宝戒寺始修之

この「塔辻」も、前者は「政所」、後者は「宝戒寺」とあることから、やはり筋違橋の西詰の地のことと思われる。

江戸時代に成立した『鎌倉攬勝考』には、「七塔ノ辻」として次の地が挙げられている。いずれも江戸時代の観光用のものではあるが、中世の名残りがあるともいえる。

小町の北堺（大倉ノ辻）

建長寺門前

円覚寺門前

浄智寺門前

鉄観音前

佐々目ガ谷東南の路傍に二ヵ所

さらに現代、長谷小路と武蔵大路とが直交する六地蔵前附近と佐助道が長谷小路と直交する笹目バス停附近のほか、大町と小町とにも「塔ノ辻」という小字名が残っており、笹目バス停近くの由比ガ浜郵便局前には五輪塔の火輪《かりん》部と地輪《ちりん》部とが現存している。「七塔ノ辻」とはいうものの、実際には「塔ノ辻」は一〇ヵ所以上もあったのである。

このうち建長・円覚・浄智の三寺の門前の石塔は、当然のことながら、蒙古《もうこ》襲来前後の北条氏得宗家の山内本郷方面への勢力伸張と対応しているのだろう。

このほか現在地がほぼ比定できるのは、次の三地点である。

筋違橋の西詰　（東北）

鉄観音附近　（西北）

六地蔵の前　（南西）

この三地点を地図上におとしてみると、南東方面だけが欠けているやに思われるが、あったとすれば小町大路と大町小路とが直交する大町四ッ角附近でなければならないようである。つまり本来の閭巷は、東北が筋違橋西詰、西北が鉄観音前、西南が六地蔵前、そして東南が大町四ッ角だったのではないだろうか。

そして以降、西南方面では長谷小路に沿って六地蔵前から由比ヵ浜郵便局前まで発展膨張していく一方、建長・浄智・円覚の三寺が建立されるにつれて、鎌倉の北方方面に向けても閭巷が発展拡大していったのだろう。

以上のような推測には、かなりの独断が入っている。しかし、鎌倉の都市としての発展が西南方の東海道方面と北方の山方向に向かっていたことは、大筋で認められるだろう。

なお東方（名越）と東北方（朝夷那《あさひな》坂）方面への発展が顕著でなかったことは、たんに地理的な障害があったからとするだけでは済まないようにも思われる。

＊『吾妻鏡』で「塔ノ辻」という語がみられるのは、嘉禎元・六・二十九、宝治元・六・五、建長三・正・四、正嘉元・十・一、弘長三・十二・十七、文永三・六・四である。

銭貨と東国武士

銭の病

『百錬抄《ひゃくれんしょう》』の治承三年（一一七九）の条に、次のような文が記されている。

近日、天下の上下、病悩す。これを、銭《ぜに》の病と号す。

京都の公家が書いた文だから「天下」は京都を中心とした畿内あるいは西国という程度にみておきたい。「銭の病」については、銭に付着していた細菌の故に病気が流行したという解釈もあるが、むしろ身分の上の人も下の人も銭を欲しがるようになったという社会事象をいささか揶揄《やゆ》した表現とみたい。

いずれにしても畿内近国では、平清盛《たいらのきよもり》が南宋から輸入した宋銭が大量に出廻っていたということで、物々交換ではなく貨幣による商業が活発になっていた。

ちなみに治承三年というのは、まさに頼朝が挙兵して源平合戦が開始される前年だった。そして東国では、まだ宋銭は普及してはいず、商業は未発達で物々交換あるいは准布《じゅんぷ》による交換経済の段階だったと思われる。

交換経済の東国

文治元年（一一八五）十月二十四日の勝長寿院《しょうちょうじゅいん》の供養の式にさいして、導師として三井寺《みいでら》から招いた本覚院僧正公顕への布施は、次のようだった。

錦の被物《かずけもの》、綾の被物、綾、長絹、染絹、藍摺《あいずり》、紺、砂金、銀、法服、上童装束

建久四年（一一九三）十一月二十七日の永福寺薬師堂の供養の式にさいしても、尊師の前権僧正真円への布施は次のようだった。

錦の被物、綾の被物、砂金、帖絹、紫絹、白布、藍摺、綿、色革、鞍置馬、五衣、水精の念珠、金《こがね》作りの剣

その後のさまざまな法事での布施もほぼ同様だった。各種の布類のほか、武家政権らしく僧侶に対しても、馬や剣が与えられているが、銭貨は布施にはなっていない。

貨幣流通の停止

その一年前の建久三年十二月三十日、京都朝廷が銭貨を停止したと、『吾妻鏡』の翌四年正月二十六日条にみえる。

なお京都では、建久四年二月二十六日と同二十九日に、朝廷の記録所で銭貨の停否のことが評定《ひょうじょう》されていた。九条兼実の日記『玉葉』には、その評定の結果までは記されてはいない。しかし『法曹至要抄』中巻には、同四年七月四日、次のような宣旨《せんじ》が出されたとある。

まさに自今以後、永く宋朝の銭貨の停止に従うべし。

この宣旨には補則があって、「検非違使《けびいし》ならびに京職《きょうしき》に仰せて」とあるから、この宣旨は洛中に対して出されたものと判る。

東国でも貨幣流通

しかし貨幣はとにかく便利だった。だから貨幣の波は、滔々《とうとう》として東国にも及んできたらしい。そして嘉禄元年（一二二五）五月二十二日、鶴岡八幡宮寺《つるがおかはちまんぐうじ》での一二〇〇口《く》の僧供養にさいして、尊師の弁僧正定豪への布施物のうちについに銭貨が現れる。

被物、砂金、裹物《つつみもの》、帖絹、染物、帷糸、白布、藍摺、綿、色革、鉄銭、准布、紫の宿衣《しゅくえ》

その「鉄銭」は、〝銅銭〟の誤記だろうと思われる。なお、このとき諸人に与えられた曳出物《ひきでもの》は、布、銭、扇、経袋《きょうぶくろ》だった。ここにも銭がみえる。

そして嘉禄二年八月一日、鎌倉で「准布を止めて、銅銭を用いるべし」と発令された。貨幣経済という荒波は、ついに鎌倉に達したのである。

陸奥国にも及ぶ

しかし陸奥《むつ》国ではまだ銭納は禁止だった。暦仁二年（一二三九）正月十一日、幕府は次のように令した。

陸奥国群郷の所当のこと、沙汰あり。これ准布の例、百姓ら私に本進の備えを忘れて銭貨を好み、所済の乃貢、年を追って不法との由、その聞えあり。白河関以東は、下向の輩の所持においては、禁制に及ばず。また絹布麁悪《そあく》は、はなはだ謂《いわれ》なし。もとのように弁済せしむべし。

いずれにしても銭貨という荒波は、京都から鎌倉に滔々として及んできており、ついに陸奥国にまで達していたのである。

頼朝挙兵時の状況

しかし、源平合戦直前の頃には、京都中心の畿内近国では「銭の病い」が流行《はや》るほどだったが、東国ではまだ貨幣は流通してはおらず、物々交換と自給自足、あるいは准布を媒介とした交換経済の段階だったらしい。このような経済上の畿内と東国との較差《こうさ》は、東国武士たちにかなりの苦痛を与えたように思われる。

ちなみに承久の乱勃発にさいしての北条政子の大演説は、『吾妻鏡』ではきわめて短い。

しかし『承久記』での北条政子の大演説はかなりの長文で、源平合戦直前の頃の東国武士たちの苦境についても言及されている。

日本国ノ侍共、昔ハ三年ノ大番トテ、一期《ご》ノ大事ト出立、郎従眷属ニ至迄、是ヲ晴トテ上リシカ共、力尽テ下ル時、手ヅカラミヅカラ蓑笠ヲ首ニ掛、カチハダシノ躰《てい》ニテ下リシ。

六波羅平氏政権に三年間の京都大番役を命ぜられた東国武士が、華の都に行くのだというので勇んで上洛して行ったが、任を終えた三年後には乗馬、甲冑などの持物すべてを売り払って徒歩裸足《かちはだし》で尾羽打ち枯らして帰ってきたというのである。物々交換か准布ぐらいしか知らなかった東国武士が、畿内の貨幣経済に翻弄された様子が痛烈に示されている。

当然のことながら、東国武士の間には貨幣経済に対する反感あるいは憎悪というような気分が、横溢するようになっていただろう。直後の源平合戦には、貨幣経済を推し進めようとしていた平家と、これに反対した東国武士との間の対立の激化という側面が、あったのではないだろうか。

鎌倉武士の作法

現代の常識に照らしてみると、やや変則かと思われるようなことが『吾妻鏡』の随所に散見される。鎌倉武士の社会をみるのに、それなりの価値がありそうな事例を二、三挙げてみると、次のようである。

御前宴会の乱闘

頼朝の忌諱《きい》に触れた甲斐源氏武田党の一条次郎忠頼が誅殺されたのは、元暦元年（一一八四）六月十六日、頼朝の御前での宴会のさいだった。このとき地下《じげ》にいた忠頼の郎等たちが、主君の危急を知って席上に馳せ上ったので、思わぬ乱闘になった。天野遠景が魚板《まないた》を取って立ち向かったほどとっさの間のことだった。

頼朝の御前での宴会に、「魚板」があったのである。当然のことながら、頼朝の御前で刺身が料理されていたことになる。まだ液状の醬油はなかったから、醬油をつけて食べたのではなく、味噌状の「醬《ひしお》」を刺身の一片にのせて食べたのだろう。

御方討の罰

その翌日、駿河国鮫島郷《さめじまごう》（富士市鮫島）の領主鮫島四郎宗家が頼朝の御前に召しだされて、右手の指を切られた。昨夕の騒動のさい、間違えて御方《みかた》討《うち》をしてしまったからである。なお現代でも、ある種の人々の間では、指を詰めるという処罰の風がまだ残っているそうである。

主君の甲冑の身に着け方

文治元年（一一八五）十月二十四日、亡父義朝のために頼朝が創建した勝長寿院（南御堂）の供養の当日、頼朝自身は束帯《そくたい》の姿だったが、万一のさいに頼朝が着用すべき鎧は佐々木四郎左衛門尉高綱《たかつな》が着けていくことになった。

そして高綱が頼朝の甲冑を着けて現われたとき、これを見た人が嘲笑した。なんと高綱は、いわば下着のように内側に着る脇立《わいだて》を外側にして着けていたのである。しかし高綱には理屈があった。万一のことが起こった場合、高綱が脱いだ部分から頼朝は身に着けていくのだから、これでよいのだ。とにかく主君の甲冑を身に着けて供をするさいには、このようにするのが武家の故実だったからである。

主君の甲冑を納めた鎧櫃《よろいびつ》を持っていくのではなく、重臣が身に着けていくというだけでも意外なことだったが、そのとき下着的なものを外側に着けておくのが武家の故実だったとは、現代からみると本当に意外である。それだけ合戦は厳しいものだったのだろう。

『吾妻鏡』と北条氏

北条朝直の愛妻

北条泰時《ほうじようやすとき》というと、冷静沈着で温厚、いわば英国型の紳士だと誰かがいったのを聞いたことがある。政治的にも貞永式目《じようえいしきもく》を制定し、評定衆《ひようじようしゆう》制度を創始して、いわば〝法律に従って話し合いで行なう執権《しつけん》政治〟を確立した偉大な人物だったとされている。もちろんこのような泰時の人物像は、基本的に『吾妻鏡』によっている。そして『吾妻鏡』には、多くの偏頗《へんぱ》と不正確な描写があることは周知の通りである。

ちなみに、歌人藤原定家《ふじわらのていか》の日記『名月記《めいげつき》』の嘉禄二年（一二二六）二月二十二日条に次のような文がある。

六波羅武士の辺より来たる、関東、聟《むこ》をとることありと云々、武州の娘、相州の嫡男四郎に嫁す。愛妻光宗の娘あるにより、すこぶる固辞す。父母、懇切にこれを勧むと云々。

北条泰時が時房《ときふさ》の四男で大仏《おおさらぎ》流《りゅう》北条氏の初代となる朝直《ともなお》を女婿《じょせい》に迎えたがった。朝直の両親北条時房《ときふさ》夫妻も、この結婚に賛成して、熱心に朝直に結婚を勧めた。

しかし朝直は、すでに結婚していた。しかも現在の妻を熱愛していた。だから現在の妻を離別して、泰時の娘と結婚するのをしきりに断わり続けているということである。このとき朝直は二十一歳、まだ無位無官の若者だった。そして彼が熱愛していた妻は式部丞伊賀光宗《みつむね》の娘だった。

ちなみに伊賀光宗は、北条義時《よしとき》の後妻伊賀ノ方の実家の兄だった。北条義時の死の直後、未亡人となった伊賀ノ方は、いわゆる伊賀ノ方隠謀事件を引き起こし、北条泰時の殺害を企んだとして伊豆国に配流《はいる》され、その兄光宗も連累者として信濃《しなの》国に流されていた。

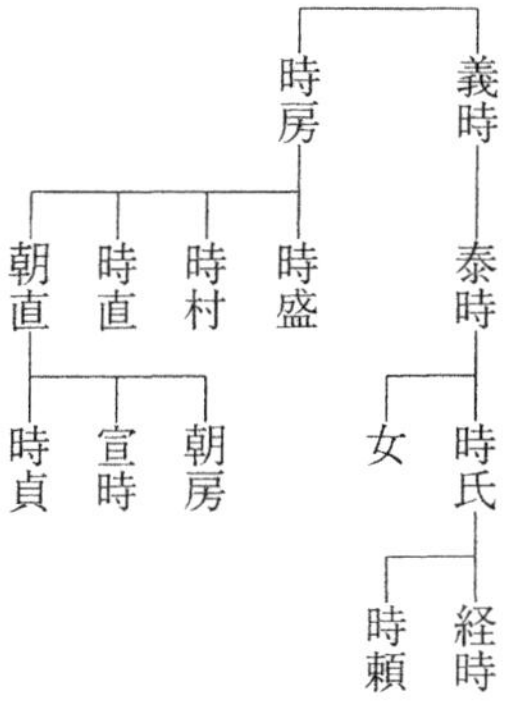

つまり朝直が熱愛していた妻は、泰時殺害を図った与党の一味の娘で、この段階では流罪人の娘だったのである。その女性を朝直は熱愛し、離別するのを拒んだのである。若冠二十一歳の朝直は、青年らしい純粋

さを失ってはいなかったようである。

北条泰時が自分の娘と朝直とを結婚させたがった理由としては、

① 伊賀ノ方の隠謀に加担した伊賀光宗の娘を朝直と離縁させたい。

② 自分が執権をしている幕閣《ばっかく》で、連署《れんしょ》になっている叔父時房との関係を、さらに親密なものにしたかった。

③ のち評定衆《ひょうじょうしゅう》筆頭、一番ないし二番の引付頭人《ひきつけとうにん》として活躍する朝直の才能を早くから見抜いて、これを味方にしておきたかった。

の以上三点のいずれか、または三点すべてだったかもしれない。

そして北条時房夫妻（妻は足立遠元《あだちとおもと》の娘）が、共にこの婚儀に同意して朝直に熱心に泰時の娘との結婚を勧めたのは、

㋐ 伊賀ノ方の隠謀に加担した伊賀光宗の娘との縁を切りたい。

㋑ 北条氏本宗《ほんそう》の得宗家《とくそう》との関係をさらに親密にしたい。

という想いがあったものと思われる。

そして①と㋐、②と㋑という点で、泰時と時房との考えは一致している。ということになれば、この時代の武家社会の情況からみれば朝直の抵抗はまさに異色だった。

この時代、とくに親権は強かった。そして泰時・時房は、幕府の両執権としてかなり強い権力を有していた。これに対して朝直は「愛妻」との離別に拘泥《こうでい》して、泰時の娘との結婚を「固辞」したのである。遠く京都にいた藤原定家が、とくに日記に書き記したのも故のないことではなかった。

だからであろう、定家は同二年三月九日にもこのことに関して次のように書き記している。

> 武州婚姻のこと、四郎相州嫡男のなお固辞す。ことすでに嗷々《ごうごう》と云々、相州の子息、惣じての器にあらざるか。出家の支度をなすと云々。本妻との離別を悲しむによりてなり。

まだ朝直は泰時の娘との結婚を拒んでいたのである。「本妻との離別を悲しむによりて」だった。しかし両親および泰時らの説得も、また厳しかったらしい。板挟みに遭った朝直は、ついに「出家の支度」までするようになっていたという。

いずれにしても定家が朝直の結婚関係のことを二度も書いているということから、この事件は京都の公家社会ではかなりの話題になっていたことが推察される。

ひとつには朝直が「愛妻との離別を悲しむ」ということが、公家たちの関心を惹いたのだろう。あっちの女性に飽きたらこっちの女性の所へ行こうというような妻問婚の風習がまだまだ京都では残っていた。その京都では朝直のような純情は、まことに物珍しいことだったに違いない。

また承久の乱や伊賀ノ方事件が終った後の北条泰時の権力は、かなりのものになっていたと思われる。その泰時の権力に対して、朝直は両親の協力もなく、ただ一騎で抵抗したのである。自分たちには絶対にできないことを、鎌倉では一人の若者が敢然として実行しているのである。いつまで続くか？　そんな期待と関心とが公家たちにはあったに違いない。

そして結果は、どうなったか。『吾妻鏡』の寛喜三年（一二三一）四月十九日条に次のように記されている。

申《さる》ノ刻、相模四郎朝直の室武州の御女、男子平産す。

結局、朝直は泰時らからの圧力に屈して、「武州の御女《おんむすめ》（泰時の娘）」と結婚したのである。「十月十日《とつきとおか》」という懐妊期間を計算に入れると、朝直が権力に抗した期間は約四年ということになる。

いずれにしても朝直は屈服し、泰時はゴリ押しに成功した。なお離別されたと思われる「愛妻（伊賀光宗の娘）」のその後についてはまったく判らない。

北条泰時が強引に推し進めた朝直と自分の娘との結婚も、うまくはいかなかったらしい。野辺本「北条系図」（『宮崎県史』史料編中世一所収）と野津本「北条系図・大友系図」（『国立歴史民俗博物館研究報告』第五集）とによると、朝直と結婚した泰時の娘は、その後に名越流《なごえ》北条光時に再嫁しているからである。

当然、朝直は泰時の娘を離別したことになる。その後、朝直は「愛妻」の兄足立遠光の娘と再婚している。三度目の妻は「愛妻」の姪にあたるから、面影などは似ていたのかもしれない。

それにしても『吾妻鏡』は、何故、朝直の再婚関係について沈黙していたのだろうか。やはり泰時の押しつけがましい様子や強引さは伏せておきたかったのかもしれない。とすれば、ほぼすべてが『吾妻鏡』によって形成されている泰時のイメージは、もう一度考えなおさねばなるまい。朝直事件は隠されていた泰時の性格のある一面をかなりの程度まで示しているからである。

北条時頼の廻国伝説

北条時頼が廻国《かいこく》したということは、かなり多くの書に記されている。『弘長記《こうちょうき》』では次のようである。

北条時頼の廻国

正五位下行相模《さがみ》守平朝臣《あそん》時頼入道諸国巡ハ、文応（一二六〇）より弘長（一二六二）にいたる。此間三年、青砥《あおと》左衛門藤綱《ふじつな》か異見によると云々。（中略）いくほとなく時頼禅門、死給ひけり。二階堂《にかいどう》入道（行盛）かなしみにたへす、後世の御供せんとて自害いたされけり。左馬頭時宗《さまのかみときむね》なけきのいろふかく、さま〳〵の仏事をなし給ふ。鎌倉中はいふに及はす、諸国の貴賤、これをなけく事、赤子の母をうしなふかことし。

実にはしからず、世にはかく披露して、二階堂入道只一人をめしぐして、密《ひそか》に鎌倉をしのひ出て、かたちをやつし、六十余州を修行し給ふこと三ヶ年、在々所々に入て、善悪をうかゝひしるして、甲乙人三百四十余輩、みなをの〳〵めしのほせて、賞罰たゝしくおこなはれ、或は先代忠勤の家督断絶せるものをは相続せしめたまふ。これによつて、諸国の武士とも、鎌倉の奉行頭人の私欲奸曲なるについて、うらみをふくみしともから、一朝にいきとほりをさんし、のそみを達して、時頼禅門を慶賀しまいらせたり。

つまり時頼は、文応元年（一二六〇）に死んだと公表し、殉死したことにした二階堂信濃入道行盛《ゆきもり》を供として諸国を廻国し、地頭《じとう》、代官の非曲を匡《ただ》し、忠ある家柄で今は没落してしまっている者に家運を再興させてやるなどのことを行なったので、日本中の人が喜んだというのである。

ほぼ同工のことが『増鏡《ますかがみ》』第九「草枕」（建治元）に次のように記されている。時頼の微行廻国は、『弘長記』では文応元年から三年間となっているが、『増鏡』では康元元年（一二五六）からとなっている。

『増鏡』の記事

故時頼朝臣は康元々年（一二五六）にかしらおろしてのち、しのびて諸国を修行しありきけり。それも国々のありさま、人のうれへなどくはしくあなぐりみきかんのはかりごとにてありける。

あやしのやどりにたちよりては、其家ぬしがありさまをとひき〵、ことはりあるうれへなどのうづもれたるをき〵、ひらきては、

「我はあやしき身なれど、むかしよろしきしうをもちたてまつりし、いまだ世にやおはするとせうそこたてまつらん、もてまうで〵きこえ給へ」

などいへば、

「なでうことなき修行者のなにばかりかは」

と思ながら、いひあはせて其のふみをもちてあづまへゆきて、

「しか〳〵」

とをしへしま〵にいひてみれば
「入道殿の御消息なりけり、あなかま〳〵」

とて、ながくうれへなきやうにはからひつ。

「仏神などのあらはれ給へるか」

とて、みなぬかをつきて悦けり。

かやうのことすべてかずしらずありし程に、国々も心づかひをのみしけり。最明寺《さいみょうじ》

の入道とぞいひける。

『増鏡』での時頼は単身微行で、埋もれてしまった人々に幕閣の重臣宛ての書状を書いてやって、失った旧領を取り戻させてやったなどとある。

これに尾鰭が付いたのが、『太平記《たいへいき》』巻三十五「北野通夜物語附青砥左衛門事」である。

摂津国の尼公

最明寺時頼禅門、窓に貌《かたち》を窶《やつ》して、六十余州を修行し給ふに、或時摂津国難波浦に行到りぬ。

そこで尼公《にこう》一人の茅屋《ぼうおく》に一宿し、その尼公が関東奉公の惣領に重代相伝の所帯を押領されたと知って、傍にあった位牌《いはい》の裏に、

難波潟　塩干《しおひ》に遠き月影の
　また元の江にすまざられやは

と書いて尼公に渡した。

やがて鎌倉に帰った時頼は、この位牌を召し出し、押領されていた所帯を尼公に取り返してやったというのである。

能「鉢木」（平成４年12月２日国立能楽堂定例公演より）

謡曲「鉢の木」

同工で有名なのが、謡曲の「鉢《はち》の木《き》」である。

微行廻国の時頼が牢人《ろうにん》暮らしをしている佐野源左衛門経也（常世《つねよ》）の茅屋で、寒さを凌ぐために鉢植えの梅、桜、松を焚いて接待され、のち鎌倉に帰った時頼が「いざ鎌倉」と御家人の軍勢催促（非常呼集）をかけたら、集まってきた御家人たちの間に佐野源左衛門の姿を見つけ、その忠を賞でて、鉢の木にちなんで梅田荘・桜井荘・松井田荘を与えたというのである。

ほぼ同様の謡曲に「藤栄《とうえい》」と「浦《うら》上《かみ》」とがある。これほど人口に膾炙《かいしゃ》すると、時頼の微行廻国に関しての研究も現われてくる。

○岡部精一「最明寺時頼の游歴」（『歴史地理』四ノ一、明治三十五年）。
○長沼賢海「時頼廻国の説を評してその信仰に及ぶ」（『仏教史学』三ノ二、大正二年）。
○八代国治「北条時頼の廻国説を論ず」（『歴史地理』二二ノ二、大正二年）。
○三浦周行「北条時頼廻国論批評」（『歴史地理』二二ノ四、大正二年）。
○瀬川秀雄「北条時頼の廻国説に就て」（『史学雑誌』二四ノ四、大正二年）。
○三浦周行「北条時頼の廻国説批評」（『史学雑誌』二四ノ六、大正二年）。
○大森金五郎「関東往還記を読む―北条時頼廻国記に及ぶ」（『歴史地理』三一ノ五、大正七年）。
○長谷川久一「北条時頼と青砥藤綱」（『斯民』二五ノ四、昭和四年）。
○奥富敬之『鎌倉北条一族』（新人物往来社、昭和五十八年）。
○佐々木馨『執権時頼と廻国伝説』（吉川弘文館、平成九年）。

廻国の期間と回数

先学の高見には聞くべきものは多い。しかし日記風に書かれている『吾妻鏡』に徴して、時頼が鎌倉にいたと確認できる回数を建長年間から以降、一年ごとに記すと表のようである。

時頼の微行廻国は『弘長記』では「文応より弘長にいたる」期間となっているが、文応・弘長元年（一二六〇・六一）の間では、年間を通じて時頼が鎌倉を留守にしたという

時頼の廻国頻度（『吾妻鏡』より、鎌倉にいたと確認できる数を掲げた）

建長元年（一二四九）	全文ナシ
建長二年（一二五〇）	三三回（四月はゼロ）
建長三年（一二五一）	三六回
建長四年（一二五二）	四一回
建長五年（一二五三）	一四回（五・六・七・九・十二月はゼロ）
建長六年（一二五四）	一九回（二・九月はゼロ）
建長七年（一二五五）	全文ナシ
康元元年（一二五六）	二九回（二・五・十二月はゼロ）
正嘉元年（一二五七）	一〇回（三・五・七月はゼロ）
正嘉二年（一二五八）	七回（五・六・七・十・十一・十二月はゼロ）
正元元年（一二五九）	全文ナシ
文応元年（一二六〇）	一〇回（四・五・六・八・九・十・十一月はゼロ）
弘長元年（一二六一）	七回（二・三・五・六・八・十・十一・十二月はゼロ）
弘長二年（一二六二）	全文ナシ
弘長三年（一二六三）	八回（三・四・五・六・七・九・十月はゼロ。十一月十二日に死去）

ことはない。しかし文応元年の四・五・六・八・九・十・十一の各月および弘長元年の二・三・五・六・八・十・十一・十二の各月に鎌倉にいたという徴証はなく、弘長二年にいたっては『吾妻鏡』に全文が欠けているのだから、この弘長二年には諸国を廻国してい

たという可能性はある。

時頼の微行廻国は、『増鏡』では康元元年（一二五六）から以降ということになっている。これもまた、一年間ぶっ続けの微行廻国ということは時間的・物理的に不可能である。しかし正嘉元年の五〜七月と十〜十二月とか、文応四年の四〜六月と八〜十二月ならば可能である。正元元年のように『吾妻鏡』自体が全文脱漏ということになれば、一年間の微行廻国は可能である。しかし三年間ぶっ続けの廻国というのは、とにかく時間的にも無理がある。

廻国否定説

ところで管見によれば、時頼の微行廻国の真否について最初に考察されたのは、覚斎竹尾善筑《かくさいたけおぜんちく》（一七八二〜一八三九）の『即事考《そくじこう》』であろう。時頼が「諸国を行脚《あんぎや》せしと云々は、実には偽妄にて、己が帰依《きえ》せる禅僧を廻国せしめ」たものであろうとされたのである。聞くべき意見のように思われる。

前記の『弘長記』には、次のような記述もある。

正直のもの十二人をえらひ出し、密《ひそか》に鎌倉中のありさまをたつねきかしめらるゝ所に、青砥左衛門尉藤綱か中にたかはす。これによつて評定衆をはしめて、非道のともからをしるさるゝに、三百人に及へり。これらをめしいたし、理非を決断し、科《とが》の軽重にしたかひて当々に罪したまひけり。

（中略）

器量の人をえらひて諸国七道に使をつかはし、探題目代《たんだいもくだい》領主たるともから、無益猛悪のもの二百余人をしるして、かまくらに帰る。時頼入道、是を点検し、科の軽重にしたかひ、みなつみにおこなはる。

最初、時頼は鎌倉中にのみ一二人を派遣して三〇〇人の役人の不正非道を匡《ただ》したが、のち諸国七道に使を派遣して二百余人の無益猛悪を匡したというのである。この場合には時頼本人の微行廻国はまだ行なわれてはいない。

水戸光圀の廻国

はるかに下って江戸時代、徳川光圀《とくがわみつくに》（水戸黄門）が微行して諸国を漫遊したという伝説が有名だが、『大日本史』執筆のための史料蒐集を目的として、光圀が安積澹泊《あさかたんぱく》、佐々宗淳《さっさむねきよ》らを諸国に派遣したという事実から派生したものらしい。時頼の微行廻国というのも、時頼が使者を鎌倉中、次いで諸国に派遣したから派生したものだったかもしれない。

巡検使の派遣

これより先、すでに北条泰時が同じようなことをしていたらしい。『鎌倉遺文』三〇六六「安芸都宇竹原《あきつうたけはら》弁井口島荘官罪科注進状写」の「張帋《紙》」

に次のように記されているのである。

　張帋ニテ
安芸《あき》国巡検使平三郎兵衛尉盛総（綱）、当国の国府エ下向の時、この折紙をもつて、この交《きよう》名《みよう》の輩ニ京方シタルカ否ノ事、捉《とら》え尋ねられ候のところニ、京方との由、領状ヲ申ニヨリテ、その儀ナラハ加判すべきとの由、申さる丶ニヨリテ、件《くだん》の輩、署判を加うと云々

承久の乱後、安芸国の人々が京方だったか否かを探索させるため、北条泰時が得宗被官の平三郎兵衛尉盛綱を「安芸国巡検使」として派遣したというのである。

そして仁治元年（一二四〇）閏十月十八日付「安芸国巡検使平盛綱書状写」（『鎌倉遺文』五六五二）の「付紙」に、次のように記されている。

都宇、竹原之荘の公文《くもん》京方の咎め有無のこと、そのとき安芸国の巡検使《じゆんけんし》平左衛門尉ニ、武蔵前司殿（北条泰時）の御尋ねあるのときより、平左衛門尉、子細を申さしむるの由、永く状を遣す。

「安芸国巡検使」とあるから、安芸国以外にも「――国巡検使」というのが他国にも派遣されたかとも思われるが、本書で「都宇、竹原之荘の公文」のことだけが問題となって

いるらしいから、このさいの巡検使は平盛綱だけだったかとも思われる。いずれにしても北条泰時もこのような使を派遣していたのである。

なお異本の『太平記』巻三十五には、時頼の孫北条貞時も先例を追って微行廻国し、院の御気色《みけしき》を損じて蟄居《ちっきょ》していた久我内大臣を救ったとも記されている。これもまた貞時自身ではなく、貞時が派遣した巡察使だったかもしれない。

北条貞時の「廻国」

いずれにしても泰時の頃には巡検使と呼ばれていたものが、時頼・貞時の代になると巡察使とか廻国使と呼ばれるようになっていたらしい。なお南北朝期の南朝の長慶天皇も、永和四年（一三七八）に微行廻国したと異本の『後太平記』天部巻第七に記されているが、これは虚伝だろう。

とにかく時頼なり貞時なり本人が微行廻国したということの実否は、今となっては確認のしようがない。廻国使を派遣したということについては、泰時の巡検使を先例とみればあり得ないことではなかったとも考えられる。

いずれにしても権力者本人が廻国したとされたり、廻国使を派遣したなどということは、しょせんは密偵政治ということになる。得宗専制という政治形態からくる必然的なものだったかもしれない。

得宗専制と不遇者の期待

なお圧政に苦しむ被支配者の側からみれば、権力者本人が来て助けてくれるというのは有難いことだったに違いない。そのような事態を期待する被支配者の気持ちが、このような伝説を生み出した原動力だったかもしれない。

なお時頼が助けた佐野源左衛門は、地頭クラスの幕府御家人《ごけにん》だった。また摂津《せっつ》国難波浦の尼公も、幕府御家人の未亡人だった。そして貞時が助けたのは、前内大臣久我氏という錚々《そうそう》たる公卿だった。それこそ一般の庶民は、まだ助けられなければならない存在ではなかったのである。

『吾妻鏡』記事脱漏の謎

記事脱漏

『吾妻鏡』にまつわる数多くの謎のうち、もっとも大きなものの一つは、記事の「脱漏《だつろう》」である。

ちなみに、『吾妻鏡』は、日記風に書かれている。そのうちの冒頭部分に徴してみると、治承四年（一一八〇）四月九日条が最初で次が同二十七日になっている。同年四月の十日から同二十六日まではとくに書いておかねばならぬほどのことがなかったので、書かれなかったのである。このような部分は、「脱漏」とはいわない。

脱漏している年

一年間あるいは三年間というかなりに長い期間で、その間の事実・事件などはまったく書き残されていないものを「脱漏」と呼んでいる。

すべてで次の一〇年分である。

寿永二年（一一八三）、建久七年（一一九六）、建久八年（一一九七）、建久九年（一一九八）、仁治三年（一二四二）、建長元年（一二四九）、建長七年（一二五五）、正元元年（一二五九）、弘長二年（一二六二）、文永元年（一二六四）

写本の伝来と再編

鎌倉時代の最末期の頃、すでに『吾妻鏡』は少なくとも数部あるいは十数部以上、書写されていただろう。ところが鎌倉幕府滅亡後、南北朝内乱、室町時代の諸戦乱のなかで、『吾妻鏡』は散りぢりになってしまった。

しかし戦国時代の後期に入ると、各大臣は争って『吾妻鏡』の蒐集に努力した。右田《みぎた》安《あ》房《わ》前司弘詮《ひろあき》が蒐集して主家の吉川《きつかわ》家の蔵本となった吉川本、小田原北条氏直から黒田長政《くろだながまさ》に贈られて、さらに徳川家康に贈った北条本などのほか、島津家本、毛利家本、前田家本などが有名である。

これら諸本を総合的に校合《きょうごう》したのが『新訂増補国史大系』所収の『吾妻鏡』であるが、これで現存する『吾妻鏡』のすべてが網羅的に蒐集され尽くしたというわけではなかった。熱心な蒐集家の目を逃れて、散佚《さんいつ》部分があったのである。

そこから高桑駒吉氏、依田喜一郎氏、成川睿次郎氏らの活躍が本番となる。散りぢりになって散佚していた部分を高桑氏らが熱心に追い求められたのである。その成果は、「将軍家御上洛供奉人交名」「宗尊親王鎌倉御下向記」「建長四年四月十四日政所始次第」などである。

しかし高桑氏らが発見したものはまさに断片的なものばかりだった。一年間を通じて記事なしという例の「脱漏」はついに見つからなかったのである。

脱漏の理由

このようなところから、「脱漏」に再び目が向けられることになった。何故一年間ないし三年間という長期間にわたる記事がまったく残っていないのだろうか、ということである。

この問題に対して想定し得る解答は次の四種がある。

a　なんとなく書かなかった
b　意識的に書かなかった
c　書いたけれども散佚してしまった
d　書いたけれども破棄してしまった

なんとなく書かなかったというのはあまりにも無責任のようで、aはあり得ないことのように思われる。意識的に書かなかったというのであれば、その理由が問題になる。書いたけれども散佚してしまったというのなら、少なくとも断片ぐらいはどこかで見つかっていてもよいはずで、その断片すら見つかっていないということでは、多分cという可能性はきわめて低いということになる。書いたけれども破棄してしまったという可能性は、断片すら見つかっていないという現状からするとかなりあり得そうなことである。

以上のようにみてくると、もっともあり得そうなのは最初から故意に書かなかったということであり、次に考えられるのは書いたけれども故意に破棄してしまったということである。いずれにしても何故そういうことをしたか、その理由が問題になる。

『吾妻鏡』執筆の基本方針

このとき想起せねばならないのは、『吾妻鏡』の執筆者たちの基本的な態度、あるいは執筆にさいしての基本的な方針である。具体的にいえば、北条氏にとって都合の悪いことは書かない、あるいは書いたとしても胡魔化して書く、さらには北条氏の都合のためには嘘までも吐《つ》くということである。

脱漏年の検討

いわゆる「脱漏」ができた理由、あるいは事情を考えるさいには、以上のようなことを念頭に置いた上に「脱漏」があった年に起こった事件などのなかに、北条氏が後世にまで隠しておきたいとしたことを、各年ごとに見つけていかなければならない。

A　寿永二年（一一八三）

この年には事件が多かった。養和元年（一一八一）三月十日の墨俣河《すのまたがわ》合戦以来、約二年間におよぶ源平両軍の対峙と睨み合いを破って、寿永二年五月十一日の倶利伽羅《くりから》峠の合戦で平家勢が敗れて七月二十五日には都落ちし、木曾義仲《きそよしなか》が上洛して十一月十九日には法住寺殿《ほうじゅうじどの》合戦があったのである。

しかし鎌倉では表面的には平穏だった。頼朝が京都朝廷に密書外交を行なって、寿永二年十月十四日には東国行政権を頼朝が獲得するなどのこともあったが、これに北条時政が関与していたなどの形跡はまったく認められない。強いていえば、源平合戦の一大転換期にあたった激動の時期だったのに、なんらの功績も時政が樹立していなかったから、北条氏寄りの『吾妻鏡』に、筆者には書くべきものがなかったという程度のことだろうか。

B　建久七年（一一九六）・八年・九年

七年十一月二十五日に、京都で土御門通親《つちみかどみちちか》が政変を起こして京都朝廷を一挙に反幕的な公家で固めたが、頼朝はまったく動かなかったということぐらいしか、この三年間は平穏だった。

しかし注目すべきは、翌建久十年（正治元年、一一九九）正月十三日、頼朝が五十三歳で死んだことだった。つまり脱漏になっていた建久七・八・九年は、頼朝の生涯最後の三年間だったのである。このようなことから起ったのは、晩年の頼朝は老人性痴呆症だったという説である。

元禄八年（一六九五）に『東鑑集要《あずまかがみしゅうよう》』を刊行した大坪無射《おおつぼむしゃ》は、この三年間の部分はとから書かれなかったのだと主張し、その理由は「頼朝の薨御《こうぎょ》を隠すため」だったとした。頼朝が死んだということは、直後に京都に報告されていた。そのことは大坪無射ももちろん知っていたから、幕府が隠したかったのは「頼朝の薨御」ということではなく、「頼朝の薨御の〝様子〟」だったと無射はいいたかったのだろう。つまり無射は、晩年の頼朝には京都の公家や後世の人々に知られたくないような〝様子〟、つまり老人性痴呆症があったのだと考えたのである。〝頼朝不名誉死、本来不執筆説〟と、便宜上呼んでおきたい。

執筆はされたが、『吾妻鏡』が伝存《でんそん》されていく過程で、頼朝死去の部分が散佚してしまったのだろうと考えた者もあった。享保二年（一七一七）に『武家俗説弁』を著した神田《かんだ》勝久《かつひさ》もその一人だった。「頼朝の薨去（の記事）もいわゆる脱漏の中にあらんか」としたのである。〝執筆散佚説〟と呼んでおく。この説では頼朝の死に異常があったとは考えられてはいない。

源頼朝の墓

〝頼朝不名誉死、故意破棄説〟という見方もある。執筆はされたが、のち何者かによってわざと破棄されたというのである。太田道灌に仮託して書かれた『我宿草《わがやどくさ》』がこれである。これには「いつのころよりか、何者か省《はぶ》きけん」とある。

その「何者か」を徳川家康《いえやす》だとしているのは、文化五年（一八〇八）に本多《ほんだ》忠憲《ただのり》が書いた『吾妻鏡弁』である。

神祖（家康）、旦暮に渉猟したまひしあまり、ふかき尊意のありしことにて、今、脱失せるところのみをはぶき、引き裂きたまひ、後の世に伝はらざるやうにとの有りがたき台命あり。

である。

事実、家康が『吾妻鏡』を愛読し、これを座右の書としていたことはあまりにも有名である。

この〝家康破棄説〟はかなり江戸時代には有力だったらしい。新井白石《あらいはくせき》の『老談一言記《ろうだんいちごんき》』もこのことに言及している。

東鑑の頼朝死去の所をば、大神君《(家康)》仰せに

〝名将の疵《きず》に成る事をば、後世に伝へぬにしかじ〟

と仰せ有りて、破りて御捨て成られ候。

頼朝の死にざまは〝名将の疵に成る〟ようなものだったのであるが、家康がそれを後世に対してかばってあげたというのである。ここでも頼朝の死に尋常ならざるものがあったとしているわけである。

ちなみに頼朝の死に尋常ならざるものがあったとする論者に、「右大将暁に死す」（『一族自刃、八百七十名』所収）の南条範夫氏がある。

しかし幕末の探検家として有名な近藤重蔵《じゅうぞう》は、いかにも合理主義者の彼らしい徴証を

挙げて新井白石の〝家康破棄説〟を一言で論破している。

然れども、応永（一三九四—一四二七）写本にも頼朝卒去の一条なければ、俗説、信ずるに足らず。

古く室町時代の応永年間に書写された『吾妻鏡』にもすでに頼朝死去の前後の部分が欠落している。だから、それより以降の家康が破り棄てたというのは俗説であると喝破したのである。

以上のように諸説紛々たるなかにあってひときわ異色の説を展開したのは、『類聚名物《るいじゆめいぶつ》考《こう》』を著わした山岡浚明《まつあけ》（一七一二—八〇）である。

この書に、広略二本有りし成るべし。今の世の印板の書ハ、その略本たるべし。或る人云はく

〝駿河の御城に、慶長時代（一五九六—一六一五）の御物の内に東鑑有り。是れは今の本に比ぶれバ、余程多し〟

といへり。それ広本なるべし。

『吾妻鏡』には、本物とダイジェスト版との二種がある。世上に流布しているのはダイジェスト版である（だから頼朝死去の記事が抜けているのだ）。本物は駿府城の奥深くに蔵

されているというのである。

ついに推測想像はここまで来てしまったのだが、いずれも決定的といえるほどのものではない。所詮《しょせん》『広益俗説弁』で井沢長秀《いさわながひで》が、「東鑑に八日々天気の陰晴まで記しぬるに、頼朝卒去のことを欠きたるはいぶかし」と書いたように、やはり〝いぶかし〟という事実だけが現在にまで残っている。

その現在では、この問題に石井進氏が言及している。要訳すると、北条氏の利害尊重、執筆者の立場保全などという条件が絡んで、もっとも書き難い箇所は、ついに書かれずにしまったのではないかとされた。いわば〝北条氏への顧慮からの本来不執筆説〟ということになる。

現段階ではこれがもっとも妥当するかもしれない。しかし北条氏の思惑に配慮したというのであれば、頼朝の死に北条氏がかかわっていたということになる。しかし北条時政の鎌倉幕閣での立場は、頼朝の義父であるという一事にのみよっていた。頼朝あっての時政だったのである。

このように考えると、建久七・八・九年の三年間が「脱漏」になった理由あるいは原因は、まったく判らないということになる。

C　仁治三年（一二四二）

この年が脱漏になった理由を推察するのは、それほど難しいことではない。その背後の次のような歴史過程を概観すると、おのずと解答が得られるはずである。

承久三年の乱（一二二一）で、同六月十五日、後鳥羽上皇《ごとばじょうこう》は敗北して、北条時房《ときふさ》・泰時《やすとき》両将に降伏して出た。やがて隠岐島《おき》に流された上皇は、赦免と帰京とを頻《しき》りに幕府に願い出たが、ついに赦免されることはなく、延応元年（一二三九）二月二十二日、隠岐島で六十歳の生涯を閉じた。

直後から鎌倉に異常が頻発するようになった。四月十五日は晴天だったのに、予期されていた月蝕が実現せず、十六日には小地震が起こり、二十三日には乾《いぬい》（西北）に妖気が漂った。そして二十五日に北条泰時が病気になり、北条時房はヤケ酒のような宴会をした。天変は後鳥羽上皇の祟りの予兆であり、泰時・時房の尋常ならざる様子は、それを怖れてのことだったかもしれない。

そして翌仁治元年（一二四〇）正月二十四日、北条時房が六十六歳で死んだ。人々は、後鳥羽上皇の祟りだと噂し合った。

承久の乱で宮方を倒した幕府軍は、北条時房・泰時の両将に率いられていた。そのうち一方の時房が、後鳥羽上皇の祟りで死んだのである。当然、泰時にも祟りは及ぶはずである。これを痛烈に意識していたのは、もちろん当の本人泰時だったであろう。

元仁三年に入った頃から、泰時の行動に異常が現われた（と思われる。脱漏なので、推察するだけである）。内典はもちろん、外典の修法まで行なって、後鳥羽上皇の祟りを免れようとした（と思われる）。鎌倉近辺の寺社には、数壇の祈禱《きとう》が命ぜられた（と思われる）。そのほか北条一族以外の人々には知られたくないようなことがきわめて多かった（と思われる）。

そして仁治三年六月十五日、奇しくも後鳥羽上皇が泰時に降伏したと同じ月日に、泰時は死んだ。六十歳だった。

その死にざまは赤痢《せきり》と公表されたが、〝顕徳院（後鳥羽上皇）の御霊の顕現〟で、〝顕徳院の御怨念はなはだ深い〟と、『平戸記《へいこき》』にあり、また平清盛《きよもり》のような〝きわめたる重悪人の故に、臨終に熱気責め来たり、冥火燃然として蒸すが如し〟だったと、『経光卿記《つねみつきょうき》』に記されている。怨霊になったというので、顕徳院が後鳥羽院と号を改められたのは、直後の七月八日だった。その怨霊に怯えてオタオタして病気にまでなって死んだ泰時の晩年については、やはり書くことはできなかったであろう。

D　建長元年（一二四九）
E　建長七年（一二五五）
F　正元元年（一二五九）
G　弘長二年（一二六二）
H　文永元年（一二六四）

以上の年にも、ことさら北条氏にとって後世に知られたくないようなことがあったとは思われない。しいていえば、北条時頼の廻国があったかと思われる程度である。いずれにしても『吾妻鏡』の脱漏については、今後の研究が待たれるのである。

後　記

本書の著者奥富敬之先生は二〇〇八年七月七日に逝去されました。四月二十五日に原稿を書き上げて、翌日に入院、手術をうけられて療養二ヵ月足らずの突然のご逝去でした。

先生は鎌倉時代の歴史と人びとをこよなく愛され、その魅力を多くの方に教えることに情熱をかけておられました。本書の原稿も、お体にさわるのもいとわず、楽しそうに執筆されていたと奥様に伺いました。また入院中も病院を抜け出してカルチャースクールの講義を続け、病院でも医師や看護士の方々に特別講義をされていたとも伺いました。

そのような先生のお話をもう聴くことができないことは痛恨の極みでございますが、先生の残された最後のお仕事として、本書をお読みになった方々が鎌倉時代の魅力を感じていただければ、著者にとっても本望であろうと確信いたします。

奥富先生のご冥福をお祈り申し上げます。

二〇〇九年七月

吉川弘文館編集部

著者紹介

一九三六年、東京都に生まれる
一九七一年、早稲田大学大学院文学研究科
　史学専攻国史専修博士課程修了
元日本医科大学教授
二〇〇八年七月七日没、同日瑞宝章従五位
叙勲

主要著書
『鎌倉北条氏の基礎的研究』『鎌倉史跡事典』『鎌倉北条一族』『上州新田一族』『相模三浦一族』『時頼と時宗』『鎌倉北条氏の興亡』『日本家系・系図大事典』

歴史文化ライブラリー
277

吾妻鏡の謎

二〇〇九年(平成二十一)八月一日　第一刷発行

著　者　奥《おく》富《とみ》敬《たか》之《ゆき》
発行者　前田求恭
発行所　株式会社　吉川弘文館
東京都文京区本郷七丁目二番八号
郵便番号一一三—〇〇三三
電話〇三—三八一三—九一五一〈代表〉
振替口座〇〇一〇〇—五—二四四
http://www.yoshikawa-k.co.jp/
印刷＝株式会社 平文社
製本＝ナショナル製本協同組合
装幀＝清水良洋・黒瀬章夫

歴史文化ライブラリー

1996.10

刊行のことば

現今の日本および国際社会は、さまざまな面で大変動の時代を迎えておりますが、近づきつつある二十一世紀は人類史の到達点として、物質的な繁栄のみならず文化や自然・社会環境を謳歌できる平和な社会でなければなりません。しかしながら高度成長・技術革新にともなう急激な変貌は「自己本位な刹那主義」の風潮を生みだし、先人が築いてきた歴史や文化に学ぶ余裕もなく、いまだ明るい人類の将来が展望できていないようにも見えます。このような状況を踏まえ、よりよい二十一世紀社会を築くために、人類誕生から現在に至る「人類の遺産・教訓」としてのあらゆる分野の歴史と文化を「歴史文化ライブラリー」として刊行することといたしました。

小社は、安政四年（一八五七）の創業以来、一貫して歴史学を中心とした専門出版社として書籍を刊行しつづけてまいりました。その経験を生かし、学問成果にもとづいた本叢書を刊行し社会的要請に応えて行きたいと考えております。

現代は、マスメディアが発達した高度情報化社会といわれますが、私どもはあくまでも活字を主体とした出版こそ、ものの本質を考える基礎と信じ、本叢書をとおして社会に訴えてまいりたいと思います。これから生まれでる一冊一冊が、それぞれの読者を知的冒険の旅へと誘い、希望に満ちた人類の未来を構築する糧となれば幸いです。

吉川弘文館

〈オンデマンド版〉
吾妻鏡の謎

On Demand
歴史文化ライブラリー
277

2019年（令和元）9月1日　発行

著　者　奥《おく》富《とみ》敬《たか》之《ゆき》
発行者　吉川道郎
発行所　株式会社　吉川弘文館
〒113-0033　東京都文京区本郷7丁目2番8号
TEL　03-3813-9151〈代表〉
URL　http://www.yoshikawa-k.co.jp/
印刷・製本　大日本印刷株式会社
装　幀　清水良洋・宮崎萌美

奥富敬之（1936～2008）

ISBN978-4-642-75677-8